집에가고싶다

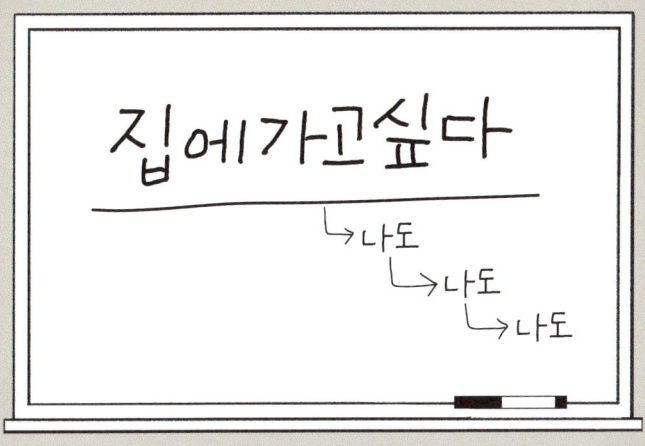

집에가고싶다
↳ 나도
↳ 나도
↳ 나도

빡센 사회생활 버티기와
행복 찾기 노하우

이동애 · 이동희 지음

말하는
나무

『집에가고싶다』에 쏟아진 추천의 글

회사에 가고 싶다. 이 책을 읽고 나니 저자들처럼 멋진 선배가 있는 회사에 가고 싶다. 좋은 선배들과 함께 일하며, 일과 인생의 즐거움을 배우고 싶다. 그런 회사나 선배를 만나는 행운을 누리지 못했다면? 이 책을 만난 게 당신의 행운이다. 책을 읽어보시라. 자신의 삶을 사랑하는 법을 배우게 될 터이니.

_김민식 • PD

죄책감도 패배감도 없이 나를 지키는 법을 알려주는 책.
회사가 아닌 나를 위해, 좋은 직장인이 되고 싶어졌다.

_김수지 • MBC 뉴스데스크 앵커

똑같이 생겨서, 똑같이 일을 잘해서 MBC에서 유명했던 쌍둥이 기자, PD가 전쟁터 같은 일터에서 지치고 상처받은 젊은 영혼들에게 손을 내민다. 그 온기로 이심전심 느껴지는 공감과 위로, 행복해지는 일상의 지혜가 가득한 글 바구니를 받은 느낌. MZ 세대에게는 처방전, 나처럼 은퇴한 직장인에게도 선물 같은 책이다.

_박성제 • 전 MBC 사장

책을 읽다 보면 내가 어디로 가야 하는지 알게 됩니다.

현실의 조언과 경험이 담긴, 직장인의 흔들리는 마음을 붙잡아줄 책.
일과 꿈 사이에서 길을 찾는 이들에게 전하는 현실적 위로.
퇴근길 지하철에서 읽으면, 내일 출근길을 가볍게 만들어줄 책.
상사의 잔소리보다 훨씬 유익한 현실 조언 모음집.
집에 있어도 집에 가고 싶다는 마음이 들 때 필요한 책.

_박진희·배우

28년을 일하고도 아직도 '집에 가고 싶다'는 생각이 드는 나에게, 이 마음이 부끄러운 게 아니라는 걸 알려준 책. 나를 지켜내지 못하면서 추구해야 할 가치 있는 일은 세상에 없음을……. 나를 지키는 일이 얼마나 소중한지 다시 깨닫게 해준다.

_방지현·JTBC 디지털서비스사업본부장

이 책은 단순한 직장인의 넋두리가 아니다. '집에 가고 싶다'라는 일상적 말버릇을 심리학적 렌즈로 들여다보며, 오늘날 우리가 겪는 노동과 휴식, 자기 정체성의 갈등을 탁월하게 해부한다. 방송사 기자와 PD로 30년 가까이 몸담은 두 저자는 직장 생활이 인간을 어떻게 성장시키면서 동시에 소모시키는지를 거침없이 기록한다. 더 나아가, 그들의 고백은 사소한 감정에 머물지 않고 사회학적, 신경과학적 맥락으로 확장된다. 번아웃과 브레인 포그, 출근길의 불안, 회사에서 배우는 삶의 기술, 겸손과 허세의 미묘한 균형까지, 독자는 매 페이지마다 자신의 그림자를 발견하며 고개를 끄덕이게 된다.
결국 이 책은 '집'이라는 은유를 다시 묻는다. 그것은 단지 물리적 공간이 아니라, 자기 호흡을 되찾고, 가면을 벗고, 균형을 회복하는 드러나지 않는 안식처다. '집에 가고 싶다'는 결국 자기 자신에게 돌아가고 싶다는, 내밀한 인간적 선언일지도 모른다.

_정재승·KAIST 뇌인지과학과 교수

과하게 부풀어오른 풍선은 터지게 마련이다. PD로서, 기자로서, 30년 가까이 앞만 보고 달려온 듯한 자매는 알고 보니 '바람 빼기'의 달인이었다. 잠깐의 틈이 생기면 글을 쓰고 산책을 한다. 스스로의 감정과 상태에 고요히 집중한다. 문득문득 집에 가고 싶은 그 마음을 외면하지 않는다.

_이나리 • 카카오 브랜드커뮤니케이션위원장

나는 산속에 산다. 앞은 지리산이요, 뒤는 백운산이다. 서울 사는 지인들은 늘 내 집을 부러워한다. 걸핏하면 구례 가고 싶어, 가도 돼? 묻는다. 그래서 산속이지만 사람이 그립지 않을 정도로 손님이 넘친다. 이동희·이동애, 같은 직장에서 일하고 있는 쌍둥이 자매의 글을 읽으니 알겠다. 나의 지인들에게는 구례가 곧 집이었다. 일을 떠나 나(자신)를 찾을 수 있는. 당신들도 집에 가고 싶은가? 이 책을 읽고 나면 알게 될 것이다. 왜 그토록 집에 가고 싶은 건지. 편히 쉴 당신의 집이 어디인지.

_정지아 • 소설가

불안하고 막막했던 사회생활의 고비마다 친절하게 경험을 나눠주셨던, 나도 저런 선배가 되고 싶다고 느끼게 해준 저자들의 이야기를, 여러분과 함께 나누고 싶습니다.

_조현용 • MBC 뉴스데스크 앵커

'앞서 걷는 멋진 언니'라는 기획으로 이동애 기자, 이동희 PD와 서점에서 행사를 한 적이 있다. 끝나고 돌아갈 때 청춘들이 물었다. "서점에 오면 이렇게 멋진 언니들이 있는데 어째서 회사에는 없나요?" 그날 청춘들은 집에 가고 싶지 않았다. 두 사람과 더 이야기를 나누고 싶어 했다. 무엇에 매료되었는지 나는 알고 있다. 이동애 기자, 이동희 PD는 또렷한 눈빛으로 보고 분명한 목소리로 말한다. 돌파해낸 사람에게 생기는 명료함이다. 오랜 시간 내게도 힘이 되고 응원이 되었던 그들의 목소리를 더 많은 독자와 나눌 수 있게 되어 기쁘다. 이 책을 통해 우리가 집으로 숨어드는 대신, 제대로 집으로 돌아가는 법을 배울 수 있길 바란다. 땀 흘린 끝에 마시는 시원한 맥주 한 잔. 두 사람의 눈빛과 목소리를 따라가다 보면 집이 상쾌해진다.

_정현주 • 서점 리스본 대표, 작가

원하는 일을 하고 성취감을 느껴도 때로 '집에 가고 싶다'. PD와 기자로 치열하게 살아온 쌍둥이 자매는 이 마음이 무엇인지 들여다보는 데 의기투합했다. 꽃길 대신 자갈밭도 구르며 일과 삶의 균형을 찾는 이라면 이 자매가 탐색한 '안전지대'에 솔깃할 수밖에 없다.

_정혜승 • 북살롱 오티움 대표

"동희 선배! 어디 가요?"라고 물으면 항상 돌아오던 말, "아! 준호 씨, 나 동애야, 동희한테 전해줄게." 쌍둥이 선배들이 한 회사에 있다는 건 흥미로우면서도 힘든 일이다. 내가 두 선배를 구분하기 시작한 것은 함께 MBC 노동조합 집행부 활동을 했던 동희 선배가 쌍둥이라는 것을 알고도 한참 뒤였다. 상대의 흘러가는 말 하나에도 귀 기울여주던 동희 선배는 내겐 회사 선배를 넘어 늘 누나 같은 존재였다. 어느 날 아내와 함께 동희 선배 집에 떡시루 옹기를 얻으러 간 적도 있다. 아내가 옹기를 좋아한다는 말을 했더니 그 말을 잊지 않고 집에 쓰지 않는 옹기가 있다며 정성스럽게 준비해준 것이다. 회사를 나온 지 8년이 지났다. 정치인이 된 이후 그리웠던 몇 가지 중에는 누나 같던 동희 선배의 따뜻한 조언이 있다. 그래서 이 책이 더욱 반가웠다. 그리고 이 책에서는 내가 그리워하던 현명한 이동희가 느껴졌다.

_한준호 • 더불어민주당 국회의원

일러두기
1. 이 책은 이동희·이동애 자매가 공동으로 집필한 책이지만 개인의 체험담이 들어간 특정 부분에는 글쓴이를 따로 표기했습니다.
2. 책 판매 수익금의 일부는 기후변화 대응과 언론 자유를 위해 사용합니다.

프롤로그 1

내 인생을 바꾼
사건

글·이동애 기자

나는 망설이고 있다.
낮 12시 라디오 뉴스를 기다릴까, 전화를 할까.

1995년 10월 오늘은 합격자 발표 날이다.
나는 MBC 기자직에 지원해 최종 결과를 기다리고 있다.
낮 12시 라디오 뉴스에서 합격자 명단을 발표할 예정이다.
함께 시험 본 친구들이 MBC 인사부로 연락하면 합격 여부를 알려준다며 전화를 해보라고 재촉한다. 좋은 소식이면 빨리 알고 싶지만, 안 좋은 소식은 천천히 알고 싶다. 망설이는 사이 함께 스터디*를 했던 친구들의 합격 소식이 속속 전해진다.

---

* 언론사에 입사하기 위해 필요한 공부를 같이하는 모임을 보통 (언론고시) 스터디라고 불렀다.

나도 학교 공중전화 부스에서 인사부로 전화했다. 터질 것 같은 심장 박동은 대입 시험장에 들어갈 때보다 더 빨랐던 것 같다.

잠시 뒤 수화기 너머로 들려온 목소리.
"축하합니다. 합격하셨어요."
단순히 기쁘다는 말로 설명하기 어려운 벅찬 감격이 있었다.
서류 심사, 필기시험, 카메라 테스트, 1박 2일 합숙, 최종 면접까지 이어지는 각 단계마다 너무 마음을 졸였던 탓인지, 이제 다 끝났다는 홀가분함이 가득했다.

그때 제일 먼저 알려야 할 사람이 떠올랐다. 나의 솔메이트(soul mate, 영혼의 동반자) 이동희 기자였다. 그녀는 세계일보 출판국 기자로 일하고 있었다. 본인이 가고 싶었던 회사(MBC)에 동생이 기자로 합격한 소식을 어떻게 받아들일까? 나는 걱정 반 기쁨 반의 마음으로 그녀의 회사에 전화했다.

"나 합격했어."
당시 이동희 기자는 특유의 쿨한 목소리로 "축하해"라고 말했다.
그다음 말은 작게 "나 이제 회사 그만둘래"였다.
그리고 그다음 말은 "다시 MBC에 시험 보려고"였다.

1년 뒤, 다시 그날이 왔다. 이번엔 언니 이동희 차례였다.

내가 기자로 먼저 입사하는 바람에 언니는 시사교양 PD직에 지원했다. 1년 동안 보도국에서 생활해보니, 기자 사회는 입사 선후배, 입사 기수를 챙기는 문화가 강했다. 언니가 후배로 같은 회사 보도국에 입사하는 건 실력과 별개로 조직이 정서적으로 받아들이기 쉽지 않은 문제였다.

가족이 둘이나 한 회사에 입사하는 일, 특히 쌍둥이 자매가 입사하는 일은 사람들 입에 오르내릴 것이 뻔했다. 반드시, 합격하려면 기자가 아닌 다른 직종이어야 했다.

언니 이동희의 합격자 발표 날을 돌이켜보니 내 합격자 발표 날보다 더 떨렸던 것 같다. 그때 나는 보도국에서 내근 중이었고, 12시 라디오 뉴스에서 합격자 발표를 하기 직전에 회사 내 누군가가 언니의 합격 소식을 먼저 알려줬다.

우주가 우리 자매를 돕는 것 같은 느낌, 세상이 우리를 사랑하는 느낌이 밀려왔다.

당시 최종 면접이 끝나고, 합격자를 결정하는 과정에서 임원들 사이에 논쟁이 있었다고 한다. 가족 중 한 명이 입사하는 것도 어려운데, 두 사람이 입사하는 것은 특혜로 보일 수 있다는 우려였다. 이 얘기를 전해준 당시 임원은 "떨어뜨리기에는 너희 언니 실력이 너무 좋았어. 시험 성적을 바꿀 수는 없잖아"라고 기분 좋게 얘기했다.

같은 초등학교, 고등학교, 대학교에 이어 이번엔 같은 회사다. 믿기지 않는 일이다.

우여곡절을 거쳤지만 각자 꿈꾸는 일에 한 발짝 다가섰다. 아이러니한 것은 꿈의 궤도가 바뀐 것이었다. 기자를 꿈꿨던 이동희는 PD가 됐고, 라디오 PD를 꿈꿨던 이동애는 기자가 됐다. 때로는 서로의 꿈을 위해 응원할 때도 있었고, 때로는 겹치는 꿈 앞에서 비켜설 때도 있었다.

운명이 우리를 어디로 이끌어갈지 모르지만 흥미진진한 회사 생활이 시작되었다.

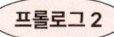

함께한 순간,
'피자의 아침'

1년의 시차를 두고 입사한 우리는 PD, 기자로 조직 생활에 적응하느라 바빴다.

기자 이동애는 사회부에서 경찰, 환경부, 노동부, 서울시청 등 출입처를 옮겨 다니며 기삿거리를 모으고, 인터뷰하고, 기사 쓰고, 방송 리포트하는 법을 몸에 익혀나갔다.

PD 이동희는 '생방송 화제집중', 'PD수첩'에서 프로그램을 제작하며, 시사교양 PD로서 커리어를 차곡차곡 쌓아나갔다.

우리는 각자의 동료들, 각자의 취재원들을 만나며 서로가 뭘 하고 사는지 알 수 없는 존재로 분화했다. 어쩌다 가끔 만날 때면 같은 회사에 다니지만 다른 회사 소속인 것 같은 느낌이 들었다.

그동안 같은 학교를 다니며 오랫동안 친구까지 공유해왔던 우리가, 이제는 완전히 달라진 생활에 서로를 낯설어했다.

'인생을 바꾸고 싶다면 만나는 사람부터 바꾸라'고 누군가 얘기했는데, 만나는 사람이 달라졌다는 건 우리의 인생이 바뀌고 있다는 증거였다.

새 밀레니엄이 시작된 2000년, 아침 뉴스를 개편해 기자와 PD가 함께 준비하는 2시간짜리 와이드 프로그램을 신설한다는 얘기가 나왔다. 뉴스는 뉴스, 교양은 교양으로 구분되어 있던 영역을 합쳐, 새로운 개념의 뉴스쇼를 만들겠다는 시도였다.

PD와 기자들 중에서 지원자를 받았다. 우리는 둘 다 지원하지 않았다. 각자의 영역에서 독립적인 커리어를 쌓고 싶었던 마음이 더 컸기 때문이었다. 한편으로는 PD와 기자가 만드는 프로그램이라는데, 회사가 우리를 그냥 놔둘까 싶은 불안한 마음도 있었다.

합류할 사람들이 거의 정해졌을 무렵, 우리는 각자 어느 선배로부터 전화를 받았다. 바로 그 아침 프로그램을 함께 만들자는 제안이었다. 보도국과 시사교양국에서 합류하는 사람들의 명단을 보니, 같이 일하고 싶은 동료들이 많았다.

결심은 우리의 몫이다. 그날 저녁 우리는 오랜만에 만나 서로의 생각을 공유했다. 결론은 하나였다. 우리가 어떻게 일하는지, 얼마나 달라졌는지 알아볼 재미있는 기회라는 것이었다.

사소한 이유지만, 둘이 한 공간에서 일하다 보면 우리의 닮은 외모를 보고 당황하는 사람들이 줄어들지 않을까 하는 기대도 있었다. 그동안 많은 사람이 우리 자매를 만나면 누가 누군지 헷갈렸고, 다른 사람을 자신이 알던 사람으로 착각해 '인사를 잘 안 한다', '친한 줄 알았는데 아는 척도 안 한다'라는 오해 아닌 오해를 했다. 우리는 계속 이어지는 '싸가지론'에 조금은 지쳐 있었다.

합류를 결정했지만 시작도 하기 전에 사내에선 기대 반 우려 반의 목소리가 나왔다. 개성 강한 PD와 기자들이 뭉쳐서 시너지를 낼 수 있을까?

프로그램 이름이 PD와 기자가 만드는 '피자의 아침'으로 정해지자 사내 여론이 들끓었다. 아침부터 피자가 뭐냐, 이름 갖고 장난하냐는 부정적 기류가 우세했다.

초기에는 요일별로 제작팀이 나뉘어 한 사람은 수요일 팀, 한 사람은 토요일 팀을 담당했지만, 석 달 뒤에는 토요일 팀에서 함께 일하게 되었다. 막상 그렇게 해보니 기자와 PD는 사안을 보는 방식에서 일에 접근하는 방식까지 많이 달랐다.

기자들은 PD들의 기획안과 구성안이 낯설었고, PD들은 방송할 아이템을 결정하지 않은 채 취재부터 하는 기자들을 낯설어했다. 그럼에도 이동희 PD가 연출하는 프로그램에 이동애 기자가 출연해 취재 내용을 설명하는 생방송은 우리에게 매우 재밌었다. 각자의 장점을 살려 시너지를 내자는 것이 '피자의 아침' 취지였던 만큼 우리는 서로의 방식을 존중하며 합을 맞춰나갔다.

하지만 '원팀'은 오래가지 못했다. 2000년 5월 15일 첫 방송을 시작한 '피자의 아침'은 기존의 아침 뉴스에 익숙한 시청자들을 끌어들이지 못하고 고전하다 그해 가을 폐지되었고, 우리는 각자의 영역으로 돌아갔다.

프롤로그 3

우리가 함께
책을 쓴 이유

글·이동희 PD

2020년 여름이었다.

새로 제작한 콘텐츠들이 대박을 친 건 아니었지만, 유튜브에서 조금씩 자리를 잡고 있었다. 제작 총괄을 맡기 시작하면서 느꼈던 막막함에서 벗어나니 이제 좀 살 것 같았다.

회사에서 처음으로 개인 사무공간이 생겼고, 함께 일하기에 영광스럽다고 느껴질 만큼 열정적이고 뛰어난 후배들이 내 옆에 있었다. 더할 나위 없이 만족스러운 상태였다.

아이유 주연의 드라마 〈나의 아저씨〉에 이런 장면이 나온다.
박동훈(故 이선균)이 오랜만에 만난 이지안(아이유)에게 묻는다.

"지안, 편안함에 이르렀나?" 그리고 지안은 "네"라고 대답한다.

누군가 나에게 "이 PD, 편안해?"라고 묻는다면 "네"라는 대답이 저절로 나와야 정상이었다. 〈쿵푸팬더 4〉의 우그웨이 대사부가 강조하던 '이너 피스'*가 충만해도 될 만큼 아무 걱정이 없었다.

어느 날 오후 회사 사무실, 내 방에 앉아 있었다.
나는 정체 모를 피로감과 불안감을 느꼈다.

"아, 집에 가고 싶다. 오늘 오후 회사 일정이 뭐가 있었지? 갈 수만 있다면 집에 돌아가고 싶다."

그날 퇴근길에 이동애 기자에게 SOS를 쳤다.
회사 근처 자주 가던 마라탕집에서 저녁을 먹으며 이런 이야기를 나눴다.

"오늘 이상하게 회사에 오자마자 집에 가고 싶더라. 넌 그런 느낌 들 때 없어?"

"ㅎㅎㅎ 나도 요즘 그런 느낌이 자주 들어. 왜 그럴까?"

---

* Inner peace. 스트레스를 받아도 흔들리지 않고 유지되는 마음의 평화(peace of mind), 평정심.

우리는 오랜 기간 함께 회사 생활을 하고 있다. 기자와 PD로서 각자의 직업에 안착하고 자신의 전문성을 찾아가면서 물리적, 심리적 간극이 크게 벌어진 적도 있다. 30대에는 각자 일하느라 바빴고, 출장과 해외연수 기간에 몇 년 동안 떨어져 살아본 적도 있다. 우리는 이런 간극을 크게 의식하지 않았고 '이제 좀 달라도 되지. 그동안 너무 붙어 있었잖아'라고 생각했다.

수십 년간 쌍둥이 자매에 대한 비교 평가를 듣다 보니 다르다는 것이 한편 기쁘기도 했다. 기자가 사실 확인과 정확한 전달을 중요시한다면 PD는 스토리텔링과 연출에 집중한다. 기자가 무슨 일이 일어났는가에 집중한다면 PD는 어떻게 보여줄 것인가에 집중한다. 이렇게 다른 성향으로 내달리는 서로를 바라보면서 우리는 응원했다.

그럼에도 DNA의 힘은 무서웠다.
비슷한 시기에 같은 책을 사는 건 흔한 일이었다. 무라카미 하루키 책과 미야자키 하야오 감독, 크리스토퍼 놀란 감독의 영화는 둘 다 '최애'하는 콘텐츠였다. 신간이 발간되기가 무섭게 서점에 달려가서 책을 사고 나서 자랑하면 "너도 샀어?"라는 반응이 돌아왔다.

'다르게 살고 싶어도 쉽지 않네~~.'

그날 마라탕을 먹으면서 우리는 둘 다 같은 감정을 느끼고 있다는 사실이 신기했고, 호기심이 발동했다. '집에 가고 싶다'라는 문장을 검색하니 그 감정에는 여러 가지 결이 있었다.

과도한 사회적 압력과 스트레스 상황에서 벗어나 자신만의 안전한 공간으로 돌아가고 싶은 자연스러운 심리적 반응인 동시에, 근본적인 문제 해결보다는 '회피'에 의존하는 대처 방식의 표현이기도 했다.

우리가 경험한 현상이 단순한 기분 변화가 아니라 심리학적 현상이라는 걸 알고 나니 더욱 흥미로웠다.

사실 그 시기에 우리는 각자 여러 가지 문제로 어려움을 겪고 있었다. 회사에서는 새로 맡은 프로젝트에서 성과를 내기 위해 발버둥치고 있었고, 집에서는 가족들의 건강 문제와 가족 내 갈등으로 정서적으로 힘든 상황이었다.

"우리가 이걸 동시에 느꼈다는 게 정말 흥미롭지 않아? 게다가 이렇게 사회심리학적으로 연구되고 있는 현상이라니."

"그러게, 이런 것들을 기록해두면 재미있을 것 같은데? 회사 생활과 개인 생활에 대한 기록을 먼저 해보자. 의미 있는 기록이 될지도 모르겠다."

그렇게 우리는 함께 책을 쓰기로 했다. 점심 약속이 없는 평일 낮 시간마다 각자 편안한 방식으로 노트북에 생각나는 일을 기록하기 시작했다.

차례

『집에가고싶다』에 쏟아진 추천의 글 4

프롤로그

1. 내 인생을 바꾼 사건 9
2. 함께한 순간, '피자의 아침' 13
3. 우리가 함께 책을 쓴 이유 17

1부 집에 가고 싶은 마음의 진실

에피소드 1	왜 우리는 출근하자마자 퇴근하고 싶을까 29
에피소드 2	집에 가고 싶다는 말의 속마음 33
에피소드 3	집에 있어도 집에 가고 싶다 37
에피소드 4	출근길의 감정들 42
에피소드 5	출근길의 감정들 2 46

에피소드 6 회사에서 배워야 할 것들 49
에피소드 7 전투에서 이탈하는 사람들 54
에피소드 8 일을 그만둘 때 해야 하는 질문 60
에피소드 9 회사를 다닌다고 진짜 직업이 생기지는 않는다 65

2부 일상의 재발견과 변화

에피소드 1 브레인 포그 71
에피소드 2 하루 1시간이면 충분하다 75
에피소드 3 새로운 시간을 찾아내는 방법 81
에피소드 4 일어나는 것보다 자는 것이 더 중요하다 86
에피소드 5 내 호흡으로 살고 있나요 90
에피소드 6 자갈밭의 매력 96
에피소드 7 불안과 걱정에는 현재가 없다 101
에피소드 8 습관은 감정을 불러일으키지 않는다 105
에피소드 9 정말 싫어하는 일을 잘한다는 것 109
에피소드 10 승모근 200g, 나를 아끼는 방식에 관해 115
에피소드 11 잃고 나서야 알게 되는 것들 120
에피소드 12 의지력 없이 꾸준히 하는 법 125

3부 관계와 성장

에피소드 1	주인공의 경로를 바꾸는 것은 빌런이다	133
에피소드 2	허세가 쓸모 있어진다면	140
에피소드 3	명품은 투명한 존재감을 가진다	147
에피소드 4	3번 타자와 4번 타자의 차이	152
에피소드 5	자주 떡볶이 먹는 사이가 평판을 만들어주지는 않는다	157
에피소드 6	예의 있는 사람이 성공한다	162
에피소드 7	자신을 움직일 스위치를 찾아라	166
에피소드 8	때로는 그만둘 수 있는 용기가 필요하다	170
에피소드 9	새로운 인연은 늘 찾아온다	175
에피소드 10	진짜 관리해야 하는 것은 겸손이다	179
PD 노트	**고비사막에서 보낸 40일**	183
기자 노트	**도쿄에서의 3년**	190

4부 롤모델에서 배우는 삶의 지혜

에피소드 1	발자크처럼 살아보기 199
에피소드 2	100년을 산다는 것 204
에피소드 3	이나가키 에미코처럼 살아보기 210
에피소드 4	전성기는 어떻게 찾아오는가 216
에피소드 5	'작아도 진정한 내 일'을 찾는 법 221
에피소드 6	자기만의 문장 만들기 227
에피소드 7	딴짓도 멈추지 말아야 기회가 온다 231
에피소드 8	사과나무가 가르쳐준 것 236

5부 쉴 곳이 필요한 나의 마음에게

에피소드 1	직장인 페르소나에서 벗어나기 243
에피소드 2	사막을 건너는 법 247
에피소드 3	좌절의 파도에 휩쓸리지 않는 법 252
에피소드 4	나만의 오두막을 만드는 법 256

1부

집에
가고 싶은

마음의
진실

사무실 화이트보드에
쓰인 그 말,
'집에 가고 싶다.'
그 마음 나도 안다.

> 에피소드 1

왜 우리는 출근하자마자
퇴근하고 싶을까

월요일 아침,
숨 가쁜 출근 전쟁을 치르고 회사 사무실에 들어섰다.
사무실 입구에서 정면으로 보이는 화이트보드에 못 보던 글자가
눈에 띄었다.
검은색 매직펜으로 적힌 딱 한 문장.

"집에 가고 싶다."

주말에 근무한 편집자가 썼을까?
내가 관리하는 유튜브 채널은
주말에도 실시간으로 뉴스 업데이트를 해야 하기 때문에
편집자들이 주말 근무를 돌아가면서 한다.

누가 썼을까 몹시 궁금했다.
하지만 굳이 주변 사람들에게 묻지 않았다.

다음 날 화이트보드를 봤더니, 이번에는 또 다른 누군가가
빨간색 매직펜으로 그 문장 밑에
'└▸' 표시를 만들어 댓글을 달았다.

"나도……."

그 뒤 며칠 동안 "나도", "나도", "나도"를 적으며
긴 대열에 합류하는 사람이 슬금슬금 늘어나더니,
7명이 집에 가고 싶다는 마음에 동참했다.

이것은 하루가 끝나도 일이 끊어지지 않는
모래시계 속에 갇힌 유튜브 편집자들의 소리 없는 아우성일까?
아니면 퇴근하고 싶다는 생각을 전달할 길이 없어
텅 빈 사무실에 혼자 남은 편집자가 내 얘기 좀 들어달라고 남긴
메시지일까?

글·이동애 기자

어느 날 TV 예능 토크 프로그램에 시선이 멈췄다.
출연한 아이돌 가수가 곤란한 질문을 받자, 난감한 표정으로
이렇게 말한다.

"아~ 집에 가고 싶다."

그는 긴장하고 있었고, 자신도 의식하지 못한 사이에
'집에 가고 싶다'는 말을 하고 있었다.

'아, 그 마음 나도 안다'는 강한 공감이 솟구치면서,
'집에 가고 싶다'는 문장에서 뭔가 탐구하고 싶은 마음이 들었다.
사실 나도 방송 시작 전, 특히 내가 만든 아이템이 나가기 직전,
긴장감이 팽팽해지면 '집에 가고 싶다'는 마음이 들곤 했다.
시청자들에게 어떤 평가를 받을까 조마조마하기도 하고,
내 방송 프로그램을 회사 동료들과 같이 볼 용기가 안 나서
편집실에서 몰래 혼자 본 적도 있다.

일요일에 다음 날 출근이 두려워지는 월요병처럼
회사에서 수시로 집에 가고 싶다는 생각이 들거나
심지어 집에 있어도 집에 가고 싶은 생각이 드는
이 이상한 '집에 가고 싶다 증후군'.

클라우드와 그룹웨어 솔루션을 제공하는 우리나라 IT 기업 '가비아'가 직장인들의 휴가 신청 시간대와 관련해 흥미로운 리포트(2023년)를 낸 적이 있다.
회사 인트라넷 사용자 데이터를 분석했더니,
오전 9시에 휴가를 신청한 직장인(12.8%)이 가장 많았고,
오전 10시 신청자(11.2%)가 뒤를 이었다.

데이터는 말하지 않은 마음을 드러낸다는데,
그들은 진짜 집에 가고 싶은 마음으로
'휴가 신청' 버튼을 누른 걸까?

우리는 도대체 어떤 스트레스를 견디며 살고 있는 걸까?
출근하자마자 퇴근하고 싶다는 역설적인 감정이
우리에게 던지는 질문은 무엇일까?
일상적으로 내뱉는 '집에 가고 싶다'는 말 안에 담긴 실제 의미는 무엇일까?

> 에피소드 2

집에 가고 싶다는
말의 속마음

'집에 가고 싶다'는 일상생활에서 자신의 심리 상태를 설명하는 광범위한 표현으로 쓰인다.

쉬고 싶다,

자고 싶다,

떨린다,

긴장된다,

불안하다,

도망가고 싶다,

스트레스 받는다,

괴로워서 미칠 것 같다······.

이처럼 다양한 의미가 담겨 있다.

그때그때 매우 다른 뉘앙스를 담아 감정을 표현한다는 점에서
20대 딸이 대화할 때 흔히 사용하는 '그냥'이나 '아무거나'와
비슷하다는 생각도 든다.

나: "왜 이렇게 늦었어?"
딸: "그냥(설명하기 귀찮아)."

나: "오늘 저녁 뭐 시켜 먹을래?"
딸: "아무거나(생각하기 싫어)."

다른 사람들의 생각이 궁금해
기획 회의를 하면서 2002년생 취재 작가에게 물어보았다.

"작가님, 언제 집에 가고 싶다는 말을 쓰세요?"

그녀는 코로나 때 많이 썼던 말이라고 한다.
집에서 일도 하고, 잠도 자고, 밥도 먹고 하다 보니
일과 휴식의 구분이 사라지면서 심한 피로감을 느꼈다고 한다.

이때 친구들끼리 가장 많이 했던 말이

"집에 있는데도 집에 가고 싶다,
최고의 명문대는 침대다"였다며 웃는다.

글•이동희 PD

회계사로 일하고 있는 40대 후배는
회사에 도착해 메일함을 열 때 심장이 빨리 뛴다고 한다.
오늘은 또 얼마나 많은 메일이 쌓였을까?
얼마나 많은 업무가 나를 괴롭힐까?
메일함을 열어 업무의 무게를 가늠하다 보면
어느새 숨이 막혀, 집에 가고 싶다는 충동을 느낀다고 한다.

회사 인턴 사원에게 물어보니,
능력에 맞지 않는 어려운 일을 맡았을 때가 그렇다고 답한다.
열심히 자료를 조사했지만, 혹시 보고서를 잘못 썼다가 문제가
생기면 어떡하나?
그렇게 뭔가 부담스러울 때 집으로 도망치고 싶다고 한다.

스마트폰과 디지털 네트워크 세상에서
우리는 '항상 연결된 상태'다.

물리적 퇴근이 정신적 퇴근을 의미하지 않게 되면서
역설적으로 '명확하게 분리되고 싶다'라는 욕구가 생겼다.

직장인으로서 우리가 정말 바라는 것은 '퇴근'이 아니라,
출근했을 때도 '집'에서처럼 편안하고 자연스러운
'나'로 존재할 수 있는 공간일지도 모르겠다.

에피소드 3

집에 있어도
집에 가고 싶다

글•이동애 기자

사실 나는 진짜로 집으로 도망친 적이 있었다.

뉴스룸에서 새로 팀을 맡았는데, 이상하게 팀원들 간의 호흡이 좋지 않았다. 기사 아이템을 맡기면 안 되는 이유가 먼저 나오고,
"제가 해보겠습니다."
이렇게 손들고 나오는 팀원이 많지 않았다.
의욕을 가진 한두 명에게 의존하다 보니, 팀장이 특정 팀원만 편애한다는 얘기가 나오기 시작했다.

팀이 이렇게 돌아가면 좋은 평가를 받기 어렵다.

어느 날, 뉴스데스크용 기획 아이템 여러 개를 들고 편집회의에

들어갔는데 하나도 채택되지 못하고 빈손으로 나왔다.
후배들을 닦달해 겨우 만들어낸 기획이었는데,
하나도 못 내다니…….
팀장의 뉴스 아이템 선구안이 꽝이라는 얘기가 나올 판이었다.
갑자기 되는 일이 하나도 없다는 생각에 머리 온도가 올라가기
시작했다. 스트레스가 한여름 소나기처럼 몰려왔다.

그때 나의 무의식이 말했다.
'우선 회사를 벗어나야 해.'

회의가 끝나자마자 나는 회사로부터의 도피를 감행했다.
뉴스 에디터에게 "오늘 아이템도 다 빠졌는데 휴가 낼게요"라고
말했다. 출근한 지 얼마 안 됐는데 바로 퇴근이라니, 황당해하는
에디터의 얼굴을 뒤로하고 도망치듯 회사를 나왔다. 시계를 보니
오전 10시 40분이다.

갑자기 집이 그리웠다.
지금 집에는 아무도 없다.
고단한 마음을 들키지 않으려면 아무도 없어야 한다.
택시를 타고 무작정 집으로 돌아왔다.
현관문을 여는 순간 기분이 최고로 좋았다.
휴, 진짜 집에 왔구나.

문제는 그 뒤였다.
기사 아이템 빠졌다고 실망해서 휴가를 내고 집에 오다니
갑자기 내가 '제정신이 아니었구나' 싶었다.
오늘 하루 쉰다고 상황이 달라질 일도 아닌데 도망치고 말았구나.

현실을 자각하고 나니 회사 일이 계속 생각나
집에 있어도 집에 있는 게 아니었다.

다음 날 출근해 마음을 다잡고 일했지만 오래가지 못했다.
6개월 뒤에 팀은 쪼개져서 이름이 바뀌었고, 나는 다른 팀으로
옮기게 되었다.
지금 생각해보면 너무나 철없던 팀장이었다. 우당탕탕 요동치는
불같은 마음을 받아줬던 동료들이 고마울 뿐이다.

그 뒤로는 절대 도피처로 물리적 집을 택하지는 않았다.

인터넷에 떠도는 '집에 가고 싶다'라는 제목의 영상을 보고 크게
웃은 적이 있다.
적당한 눈높이에 스마트폰 거치대를 설치하고,
이불 안에 쏙 들어가 동영상을 보며
흐뭇한 미소를 짓고 있는 캐릭터가 등장한다.
자극과 스트레스를 피해 안전한 집에 둥지를 튼 것처럼 보였다.

안전지대로서 집이 제 역할을 하려면
일과 휴식의 경계가 명확해야 한다.
회사 일을 집으로 끌고 들어오면,
집에 있어도 집에 가고 싶다는 마음이 든다.
우리에겐 우리 나름의 안식처가 필요하다.

집에 가고 싶다는 마음은
나약하다거나, 현실 도피적인 의식이라기보다는
회사에 장악당한 나의 하루로부터 나를 지키고 싶은
현명한 마음에서 드는 생각일 것이다.

알랭 드 보통은 『일의 기쁨과 슬픔』에서
사무실에서 일이 시작되는 순간을 이렇게 묘사했다.

"사무실에서 하루가 시작되면
풀잎에 막처럼 덮인 이슬이 증발하듯이
노스탤지어가 말라버린다.
이제 인생은 신비하거나, 슬프거나,
괴롭거나, 감동적이거나,
혼란스럽거나, 우울하지 않다.
현실적인 행동을 하기 위한 실제적인 무대다."

노스탤지어가 말라버린 사무실에서
문득문득 떠오르는 '집에 가고 싶다'라는 생각은
일에 얽매이지 않는 자유를 꿈꾸는 외침이다.

어쩌면 우리는 모두 각자의 방식으로
'집'을 찾아가는 중인지도 모른다.
누군가는 퇴근 시간을 목이 빠지게 기다리며,
또 누군가는 점심시간의 짧은 탈출을 꿈꾸고,
혹은 깊은 밤 이불 속에서 자신만의 시간을 지켜내려 애쓴다.
이 모든 순간이 단지 현실 도피가 아닌
자아를 지키기 위한 은밀한 저항이다.

에피소드 4

출근길의
감정들

글・이동희 PD

아주아주 먼 옛날처럼 느껴진다.
처음 출근하던 날.
어색한 정장 슈트를 입고, 온몸에 힘이 잔뜩 들어간 채 집을 나섰다.

지하철 1호선을 타고 대방역에 도착해
다시 여의도로 들어가는 버스를 타는 꽤 긴 여정이었다.
대방역 앞 버스정류장에는
금융사 직원으로 보이는 이른바 '넥타이 부대'가 줄지어 서 있었다.
출근 시간대 버스는 그들을 하나 가득 꽉꽉 채운 다음에야
출발했다.
그들과 좁디좁은 버스 안에서 어깨를 부딪치며
'아~ 이것이 회사 생활이구나'라는 현실을 실감했다.

그날 첫 출근길의 감정을 잊을 수 없다.
그것은 설렘이었다.
엄청난 기대감과 조그마한 불확실성이 혼재하는 그런 기분.
아드레날린이 솟구쳤고, 회사로 가는 내내 마음이 두근두근했다.

그렇게
30년 가까이 같은 회사를 다니고 있다.
입사 초기에는 콘텐츠를 제작했지만
어느 정도 연차가 쌓이자 제작 현장을 떠났다.
팀장이 되어 작은 조직을 맡기도 하고
큰 프로젝트를 책임지는 일도 했다.

출근길의 감정들도 다양했고, 변화도 많았다.
엄청나게 많은 감정의 스펙트럼이 쌓이고 쌓여
나의 정체성을 변화시키고 성장시켰다.

일을 잘 마무리했다는 성취감에 젖은 날도 많았지만
순도 100% 기쁨보다는
기쁨과 불안이 공존하는 감정의 중첩도 있었다.

대부분은 감정을 솔직하게 표현했고
그래도 해결 안 되는 감정은

흘려보내고자 했다.

콘텐츠 제작은 적성에 잘 맞았다.
호기심이 많고 싫증을 쉽게 내는 성격은
새로운 아이템을 발굴하고 취재하는 일에 아주 잘 맞았다.
일이 재밌다 보니
조직 생활도 열심히 했다.
회사에서 보내는 시간이 점점 길어졌다.

일론 머스크가
"세상을 바꾸기 위해서는 주당 42시간은 부족하다. 주당 100시간은 일해야 한다"라는 트위터 글로 사람들을 경악시켰지만 적어도 이 시기만큼은 일론 머스크에게 내적 친밀감을 느꼈다(지금은 절대 아니다).

회사에 몰입하는 시간이 늘어나면서
세계관과 가치관의 변화는 물론
감정 표현과 의사소통 스타일도 조금씩 달라졌다.

입사 초반에는 콘텐츠 제작 업무와 관련된 전문가로서
페르소나가 형성되었다.
'생방송이라는 심리적 압박감을 느끼는 상황에서도

침착함을 유지하고,
콘텐츠 퀄리티와 창의적 접근 방식을 무엇보다 중요시하는
PD'였다.

직위가 달라지면서 페르소나는 점점 변화하기 시작했고,
팀장이 되고서는 극적 변화를 겪었다.

'목표지향적이고 결과를 중요하게 생각하고,
팀원들 간의 갈등을 조정하는 중재자'라는
관리자 마인드를 갖게 되면서
제작에 필요한 창의성은 의식 뒤편으로 밀렸다.

에피소드 5

출근길의
감정들 2

글·이동애 기자

언젠가 일요일에 출근해 회사 주차장에 도착했을 때였다.
왠지 출근할 마음의 준비가 덜 된 것 같은 느낌이 들었다.
편집회의 시간까지는 한 시간이 남았다.
여느 때 같으면 일찍 올라가 회의 준비를 했을 텐데,
그날따라 사무실 가기가 너무 싫었다.
전날 나간 뉴스 아이템의 시청자 반응이 좋지 않았고,
오늘 내놓을 아이템도 마땅치 않았다.

차 안에서 베토벤의 피아노 소나타 '템페스트'를 들었다.
폭풍우가 몰아치는 격렬한 화음이 꼭 요동치는 내 마음 같았다.
음악이 끝나자 이제 팀장 모드로 돌아가야 한다는 생각이 들었다.
나만 그런 건 아니다.

취업 포털 잡코리아가 2020년 3월
직장인 559명을 대상으로 실시한
'멀티 페르소나 트렌드' 설문 조사 결과를 보면
직장인 77.6%(10명 중 7.76명)는 "직장에서의 내 모습이 평상시와
다르다. 회사에 맞는 가면을 쓰고 일한다"고 응답했다.

이유는 여러 가지였다.
'회사의 요구, 기대에 맞추기 위해서'
혹은 '개인적으로 일만 하는 조직 문화, 분위기 때문에'
'회사 동료들에게 평소 내 모습을 보이기 싫어서' 등이었다.

흥미로운 것은 '회사원이라는 가면은 언제 쓰는 걸까'라는 질문이
었다.

응답자의 다수가
"회사 건물에 도착해 엘리베이터를 탈 때"라고 답변했다.

실제로 나도
사무실에 들어가기 전 마음을 다잡기 위해 음악을 듣거나,
지하철에서 일부러 한 정류장 전에 내려 걷기도 한다.
회사까지 가는 동안
집 생각에서 회사 생각으로 모드를 전환하는 일종의 의식을

치른다.

가장 신경 쓰는 건 표정이다.
특히 불편하거나, 불쾌한 감정이 얼굴에 드러나지 않도록 애쓴다.

출근길은 개인적 자아에서 직업적 자아로 전환하는
심리적 경계의 공간이다.
운전하는 차 안이나, 지하철에서
직업인으로서 감정 전환을 준비한다.

칼 융은 "페르소나는 개인과 사회 사이의 타협"이라고 했다.
가면을 쓰되, 그 뒤에 있는 진정한 자신을 잃지 않는 것.
때로는 가면 뒤에 숨는 것도 필요하다.

회사 내에서는 적나라한 감정을 드러내지 않는 편이 좋다.
가면을 쓴다는 것은 개인적 삶과 회사 생활을 분리하는 중요한
기술 하나를 장착하는 것과 같다.

[에피소드 6]

회사에서
배워야 할 것들

N잡*이 대세다.
메인 직업을 가지고 있더라도
블로그, 유튜브를 상업적으로 운영한다.
조용한 퇴사(Quiet Quitting)를 실행하는 사람들도 있다.
회사에 몸을 담고 있지만
직장에서 최소한의 일만 하겠다는,
심리적으로 퇴사한 사람들이다.

회사 인간으로 산다는 것은
본질적으로 고용주에게 고용되는 '을'의 삶을 사는 것이다.

---
* N job. 여러 개의 직업을 동시에 갖는 것을 뜻한다.

나의 시간과 인생을 월급과 맞바꾸는 행위다.

그럼에도 불구하고
이렇게 단순화해서 설명하기에는
현대사회에서 회사라는 공간이 갖는 의미가 너무 크다.

회사는 경제적 기반을 제공해주는 소득의 원천이자
각종 사회복지 제도의 혜택을 받을 수 있는 안전지대이다.

또한 "무슨 일 하세요?"라는 정체성에 관한 질문에 답을 준다.
하루 중 가장 많은 시간을 보내는 곳이자
주요 인간관계가 형성되는 공간이기도 하다.

성취감과 동시에
좌절감을 주는 곳이기도 하다.

회사는 가장 활력이 넘치는 시기에
우리의 인생을 투자하는 대상이기에
몸담고 있는 동안은
조직을 통해 배우고 성장하는 것을 목표로
생활하는 것이 좋다.

회사를 탐구하고 적절하게 활용해야 한다.
회사를 우습게 생각하면 안 된다.

배울 수 있는 것들이
생각보다 많다.

우리 자매는
회사에 들어와서 복사하는 법, 팩스 보내는 법을 배웠다.
회사 업무를 하면서 생활지능이 높아졌다.

섭외 전화를 하는 과정을 통해
다른 사람을 설득하는 법을 알게 되었다.

취재를 위해 등기부등본을 떼면서
주택이나 아파트, 건물의 실제 소유주가 누구인지도 알게 되었다. 공공 기록물에는 유용한 정보들이 있고
이것이 일상생활에 필요한 권리와 의무, 책임을 명시한다는 것도 습득했다.

한눈에 반하는 보고서 쓰기,
당장 실행하고 싶게 만드는 프로젝트 기획력,
사람들에게 매력적인 인간으로 보일 수 있는 맥락적 커뮤니케이

선법, 무엇보다 자신도 몰랐던 자신의 적성을 알게 되고
더 나아가 전문성까지 쌓을 수 있는 공간이 회사다.

다만 회사 생활의 끝이 항상 해피엔딩은 아니라는 점이 현실이다.

커리어를 쌓아가며 실적을 만들어내고
성과를 내기 시작하는 연차가 되면서, 문득 이런 생각이 들었다.

이 성과는 과연 누구의 것일까?

이런 질문을 반복하면서 한 가지 결론에 도달했다.
결국에는 이 회사가 내 것은 아니라는 것.
성과는 내가 수행한 결과지만 소유권이 내게 있지는 않다.

성과의 결과물은 회사의 것이다.
회사는 우리에게 주인의식을 갖고 회사에 헌신하라 말하지만
사실 우리가 회사의 주인은 아니다. 피고용인일 뿐이다.

그렇다면 진짜 내 것이 되는 것은 무엇일까?
출퇴근을 반복하며 매일매일의 크고 작은 직장 내 전투에 참전
하며 얻어낸 성공과 실패의 경험과 노하우들.
이런 것들이 진짜 내 것으로 남는다.

그래서 회사 생활에서 목표로 삼아야 할 것은 성공이 아니다. 무수히 많은 시도다.

에피소드 7

전투에서
이탈하는 사람들

한때 회사를 동아리처럼 생각하고 다녔지만
관리자가 되고부터 회사는
목표와 성과, 숫자와 그래프로 설명되는 곳이라는 걸 알게 됐다.
자아실현의 공간으로 생각했던 조직이
구조화된 모듈로 보이기 시작했고
기획의 신선함보다는 새로운 프로젝트에 필요한 재원을 먼저
계산하게 됐다.

입으로는 결과보다 과정을 더 중시한다고 얘기했지만
하루하루 성과를 은연중에 신경 쓰며
일진일퇴를 거듭하는 전투에
일희일비하는 나를 발견하면서 쓴웃음을 짓는 날도 많았다.

매일 벌어지는 자잘한 전투와 전투 사이에 이런 내적 갈등이
수시로 끼어들었다.
과연 내가 이런 업무에 맞는 역량을 가지고 있는 것일까?
조직을 끌고 갈 리더십을 지닌 존재인가?

일을 하다 보니 뛰어난 여성들이 많다는 걸 느꼈다.

우리 회사만 해도 입사하는 사원들의 성비를 보면
여성이 남성을 추월한 지 몇 해 됐다.
업종의 특성에 따라 다르겠지만 이런 현상은 점점 확산되고 있다.

그런데도 여전히 C 레벨* 여성은 드물다.
국회, 공공기관 등의 고위 공직자 중에서 여성이 차지하는 비율도
여전히 OECD 평균에 못 미친다.

남성 중심의 조직 문화, 경쟁이 치열한 사회 시스템,
가정과 일을 양립하기 어려운 현실 등
많은 이유들이 작동하는 복잡한 문제라 생각한다.

여성으로서 이른 나이에 언론사 국장을 맡은 지인은

---

* C(Chief의 머리글자)로 시작하는 CEO(최고경영자), CFO(최고재무책임자) 등 기업 조직 내의 최고 의사 결정권자이자 경영진을 의미하는 용어.

상당히 많은 의사 결정 과정에서 남성 보직자와 차이를 느꼈다고 한다.

언론사에서 '국장'은 윗사람의 의중을 파악해
정책적인 방향성을 맞추면서도 실무 조직을 총괄해야 하는
위치로 위아래 의견이 다를 때
후배들과 부딪치며 업무 지시를 해야 하는
경우들이 빈번하게 발생한다.

이런 딜레마 속에서
가치 중심으로 판단해야 할지, 조직을 우선시할지
마치 줄타기를 하듯 조심스럽게 판단해야 하는 어려움을 겪었다고 한다.

복잡한 고민들이 계속 떠오르던 시기에
그녀는 캐나다의 임상심리학자 수전 핀커의 『성의 패러독스』라는 책을 읽고, 내적 갈등의 원인을 깨닫게 되었다.

핵심은 고위직 여성들이 의사 결정을 할 때
중요하게 생각하는 기준이 남성과 다르다는 것이다.
여성들은 직장에서 일을 할 때 지위나 돈보다는
'자신에게 의미 있는 것'을 선택하는 경향이 더 강하다.

"2006년 미국의 한 경제학자가
대학원 학위 등 전문 학위를 가진 여성 2443명을 대상으로
'인재 유출' 현상을 분석한 결과,
MBA를 취득한 여성 3명 가운데 1명은
전임제 일을 선택하지 않았고,
성취력이 높은 여성의 38%는
승진을 거절하거나 보수가 더 낮은 자리를 선택했다."

권력을 가진 자리에 오르는 것은 이들의 직업 목표에서
후순위였다.
무려 85%의 여성이
자신이 존경하는 사람들과 함께 일하는 것,
자신을 잃어버리지 않는 것,
좀 더 자유롭고 자율적인 일정 등을 더 원한다고 답했다는 것이다.

2000년 초반 미국의 직장 여성들을 대상으로
조사된 내용이기 때문에
현재 자신의 삶을 주도적으로 이끌어나가는 MZ 세대의 인식과는 차이가 날 수 있다.

'워라밸', '소확행', '욜로', '슬로라이프'*와 같은
변화된 가치관을 반영하는 시대적 트렌드가
MZ 세대의 세계관으로 자리 잡고 있다.
MZ 세대 남성들도 워라밸, 자율성, 의미 있는 일을 중시하는
경향이 강해졌다.
권력보다 일의 의미나 삶의 질을 우선시하는 가치관이
성별을 넘어 확산되고 있다.
가치 중심으로 삶을 살고자 하는 태도는
성별의 차이라기보다는
개인적인 세계관과 철학의 차이가 더 크다.

하지만 경쟁과 성공을 중시하는 산업화 시대에 설계된
회사 시스템이 여전히 강력하게 직장 문화를 지배하고 있다.

이 과정에서 많은 직장인들이 세대와 남녀를 불문하고
딜레마와 좌절을 겪고
회사라는 전투 현장에서 이탈하고 있다.

일반적 경로를 벗어나

---

* 워라밸(work-life balance, 일과 삶의 균형), 소확행(소소하지만 확실한 행복), 욜로(YOLO: You only live once), 슬로라이프(자기만의 속도를 지키며 사는 삶) 등은 모두 현재의 삶을 소중하게 여기고 행복을 추구하는 정신을 반영하는 트렌드다.

자신만의 성공을 찾고자 하는 사람들도 늘고 있다.

'집에 가고 싶다'는
타인에 대한 '감정이입', '공감 능력' 같은 가치들이
빈약한 조직에 실망한 사람들의 속마음이다.

에피소드 8

일을 그만둘 때
해야 하는 질문

'집에 가고 싶다'라는 정서가 확장되면
일시적인 탈출이 아닌, 영구적인 변화를 고민하기 시작한다.

매일 아침 출근길에 느끼던 저항감,
오전에 바로 휴가를 신청하고 싶던 충동,
불쑥불쑥 떠오르는 '집에 가고 싶다'는 욕망을 잠재우고
계속 살아가는 어느 날,
"이 일을 계속해야 하는가?"라는 더 근본적인 질문이
찾아올 때가 있다.

나의 경우는 승진에서 처음으로 밀렸을 때였다.

경쟁에서 한번 밀리고 나니, 순식간에 자신이 없어졌다.

나를 알아줄 기회가 다시 오지 않을 것 같은 불안감도 생겼다.

좌절감이 깊어지니, 다른 회사에서 인생을 새로 세팅하고 싶다는 생각이 들었다.

고민 끝에 직장을 여러 번 옮겨 임원이 된 선배를 찾아갔다.

어떤 이유로 회사를 계속 옮겼는지,

이직할 때 가장 중요한 것이 무엇인지 답을 찾기 위해 질문을 던졌다.

선배는 거꾸로 나에게 질문을 되돌려주었다.

"왜 떠나려고 하는지가 가장 중요해.

보통 강렬한 필요가 있을 때 이직을 결심하지.

조직에서 만족 못 하거나, 경제적으로 어렵거나,

하고 싶은 일을 못 하게 됐거나.

이 중에서 자기가 정말 무엇을 원하는지 들여다보면 답이 나와.

너는 어느 쪽이니?"

선배의 질문은 단순했지만, 그 안에는 깊은 통찰이 담겨 있었다.

내가 진정으로 원하는 것은 단지 더 높은 직급일까,

아니면 내 능력을 인정받는 환경일까,

혹은 완전히 다른 종류의 일에 도전하고 싶은 것일까?

이직에 대한 막연한 생각을 가지고 있던 터라
그 자리에서 명쾌한 답이 떠오르지 않았지만,
이 대화는 오랫동안 머릿속에 맴돌았다.

글 • 이동애 기자

직장인이라면 누구나 일을 통해 성장하기를 기대하고 있다.
주변에 배울 동료가 있고,
일을 통해 나의 가치를 인정받고 싶어 한다.
지금까지 나는 회사가 원하는 기준을 맞추기 위해,
열정과 성실함으로 무장하고
크리에이티브한 역량을 키우기 위해 노력해왔다.

우리는 흔히 문제가 생기면 원인을 '나'에게서 먼저 찾는다.
나의 부족함, 모자람을 찾아 더 성장하겠다는 결심을 하고,
다시 질주한다.
이것이 바로 내가 걸어온 길이기도 하다.

나 역시 이 회사에 '닻'을 내리고, 계속 정박하며,
문제가 생겨도 조금씩 나를 고쳐가며 회사에 익숙해졌다.
닻을 올려 떠날 생각을 하지 않았다.

영화 〈캐리비안의 해적〉 시리즈에서
선장 잭 스패로가 모험을 떠날 때 외치는 유명한 대사가 있다.

"Weigh anchor, all hands! Prepare to make sail!"
(닻을 올려라, 전원! 항해할 준비를 하라!)
"Bring me that horizon."
(저 수평선을 향해 가자.)

자유분방하고 대담한 삶의 방식을 가진 잭 스패로는
무엇이 앞에 있든 두려워하지 않고 새로운 모험에 나서겠지만,
나는 그런 사람이 아니었다.
나는 닻을 올릴 때 왜 떠나는지가 중요한 사람이었다.

회사마다 일하는 문화가 달라 한 직장에서 일을 잘했다고,
다른 곳에서 잘할 것이라는 보장은 없지 않나.
회사와 겨우 주파수를 맞췄는데, 다른 회사의 조직 문화에
또 몸을 맞춰야 한다는 것이 부담스러웠다.

나에게 집중하니, 두려움의 원인이 드러났다.
나는 능력 이상으로 인정받기를 원하지 않지만,
능력만큼 인정받지 못하는 것도 원하지 않는다.

그렇다면 어떻게 해야 할까?
우선, 나를 둘러싼 환경을 살펴봐야 한다.
'나'라는 씨앗을 키울 토양이 중요하다.
주변에 배울 만한 사람이 있는지 살피고,
자신을 드러내기 위해 다른 사람의 성장을 가로막는 사람은
멀리해야 한다.

이런 고민들을 거쳐 내가 나에게 던진 강력한 질문에 대한 답을
찾았다.

"나를 꽃피울 수 있는 환경을 찾으면 그때는 닻을 올려야 한다."

> 에피소드 9

회사를 다닌다고
진짜 직업이 생기지는 않는다

나는 진짜 회사형 인간이다.

아침에 출근해 저녁에 퇴근하는 삶을 즐긴다.

누군가는 이른 새벽에 일어나서 지옥철이나 만원 버스를 타고

사람들과 부대끼며 출근하는 삶에 진저리를 칠 것이다.

하지만 나는 적어도 어디론가 갈 곳이 있다는 것이

인생의 방향을 알려주는 것 같아

안심되고 좋다.

'노는 것보다 일하는 것이 즐겁다'라고 늘 생각해왔다.

글·이동애 기자

왜 그럴까?
대부분의 사람은 일을 하면서 성장하기를 원한다.
회사는 그런 성장의 첫 출발점이다.
회사에 소속되어 있다는 안정감과 일정한 수입,
일을 통해 형성되는 네트워크까지,
이것이 회사 생활을 하며 얻을 수 있는 이익이다.

그러나 일과의 적절한 거리두기를 배우지 않는다면
'번아웃'을 반복하다 결국 조용한 퇴사를 하거나
진짜 퇴사를 결정할 수도 있다.

지루하지 않게 재밌고, 의미 있게 회사 생활을 하려면
'나만의 스토리'가 필요하다.

이곳에서 나의 역할은 무엇이고,
나는 어떤 동기에 의해 움직이고,
어떤 변수에 의해 좌절하는가를 알아야 한다.

콘텐츠 회사는 스포츠팀과 닮았다.
연출을 중심으로 다양한 역할을 하는 스태프가 있고
전체를 총괄하는 프로듀서가 있다.

기자의 경우는 개인플레이가 강한 편이다.
각자 담당 출입처에서 독립적으로 취재하고 기사를 쓰는 일이
많기 때문이다. 하지만 나라 전체를 뒤흔드는 큰 이슈가 터지면
상황이 달라진다. 이때는 팀플레이가 필수적이다. 기자들 간의
관계성, 협업, 팀워크에 따라 일의 성패가 엇갈린다.

회사 인간으로서 현재 우리가 수행해야 할 역할은
스포츠 구단의 감독에 가깝다.

선수 개개인의 컨디션과 장점을 살펴 최고의 성적을 낼 수 있는
기자와 PD를 구성하는 것,
매일 시청률, 화제성 등 다양한 지표를 통해
미디어 콘텐츠 업계 경쟁자들과 싸우고 있다는 점에서 유사하다.

감독으로서 신경 써야 하는 것은 인사와 성적이다.

프로그램 연출자라면
배우 선발에서부터 감각 있는 카메라 감독 배정,
프로그램의 편성 시기, 홍보 마케팅 이 모든 것에 전략이 필요하다.

뉴스룸 관리자라면,
기자 개개인이 어떤 기사를 잘 쓰는지,

어떤 분야에 관심과 전문성을 가지고 있는지를 파악하고,
필요할 경우 선수 교체라는 인사권을 써야 한다.
맡은 팀이 성과를 낼 수 있게 전략과 전술을 펼쳐야 한다.

우리가 조직에서 감독이라는 역할을 오랫동안 하게 된 것은
주도권을 가지고 결정하는 권한에 대한 열망이 무의식 안에
있었기 때문이었다.

우리가 원하는 것은 결정권이었고,
결정권을 많이 가지는 쪽으로 선택한 것이 지금의 '우리'다.

회사 생활을 하다 보니
오래 다닌다고 해서 진짜 직업이 생기는 건 아니라는 걸 깨달았다.
지금도 회사 안에서 각자의 역할을 찾아 확장하려고 애쓰고 있다.
회사형 인간이지만 자기 주도권을 가지고 직장 생활을 이어가려는 우리만의 방식이다.

2부

일상의

재발견과
변화

우리 자매는 PD와 기자로 일하며
오랫동안 시간 관리를 잘해서 삶의 질을 높이려고 애썼다.

콘텐츠 업계의 특성상 밤샘 작업과 출장이 잦아 건강에 무리가
오기도 했고,
취미 생활이나 가족과의 시간을 갖기 어려울 정도로 혹독한 직장
생활을 경험하기도 했다.

'이래서는 안 되겠다.'

지속 가능한 삶을 위해 시간 관리의 중요성을 깨닫고 몇 년간
실천한 결과, 일상생활에서 의미 있는 변화를 만들어낼 수 있었다.

이 기록은 두 사람이 각각 겪은 체험담을 번갈아가며 담았다.
브이로그처럼 솔직한 일상의 기록이다.

에피소드 1

브레인
포그

글·이동희 PD

어느 날 아침, 머릿속에 뿌연 안개가 낀 느낌이 들었다.
해야 할 일은 많은데
어떤 일부터 해야 할지 순서가 정리되지 않았다.
일은 하고 있는데 몰입하지 못하고 있었다.
20~30분 단위로 이 일 했다 저 일 했다,
해야 할 일들 사이로 이리저리 왔다 갔다만 하고 있었다.

더 황당한 것은
분명 어떤 생각이 떠올랐는데
잠시 후 그 생각이 무엇이었는지 떠오르지 않는 거였다.
방금 한 생각인데도 기억이 나지 않는 기이한 현상이 반복됐다.

증상을 확인해보니
일종의 '브레인 포그(brain fog)'였다.
인지 기능이 저하되어
머리가 맑지 않고, 안개 낀 것 같은 느낌을 말한다.

'피곤해서 그런가 보다.'
쉬면 나아지겠지 생각했지만 증상은 더 악화되었다.
하고 싶은 말을 매끄럽게 표현해내기가 어려운 지경에 이르렀다.

왜 이럴까.
원인 없는 결과는 없다.
나의 일상을 떠올려봤다.

분주하다.
넷플릭스를 보면서 카톡을 계속 확인한다.
카톡 창 몇 개를 열어놓고 동시에 톡을 한다.
단톡방도 너무 많다.
가족들과 식사를 하면서도 인스타그램이나
유튜브 쇼츠(짧은 영상)를 보기도 한다.

한때는 여러 일을 동시에 처리하는 것이 숙명이라 생각했다.
콘텐츠를 성실하게 만들면서 분주하게 살았다.

기획안 쓰고 제작하는 일 외에도
네트워킹을 위해
회식과 술자리에 자주 참석했다.
술자리의 흥겨움을 몹시 즐겼던 시절이었다.
지금은 사라진 여의도 MBC 앞 포장마차에서 새벽달을 보고
집으로 돌아간 적도 하루이틀이 아니었다.
나이가 들면서 더 심해졌다.
골프, 필라테스, 독서 모임에도 참여했다.
한 주의 스케줄이 늘 빡빡했다.
하루하루 부지런하게 사는 삶이 주는 만족감이 있었고,
힘든 줄 모르고 그것을 즐겼다.

결혼하고 아이를 낳고 보니 또 다른 삶의 층이 생겼다.
아이의 성장 사이클에 맞춰 부모의 역할도 다양해졌다.
학원 데려다주기에서 음악, 스포츠 등 방과 후 활동까지
아이에게 필요한 것이라면 최대한 해주려고 노력했다.

나의 모습은 지쳐 보였다.
숨 쉴 여유가 없었다.
사실상 나는 번아웃(burnout)* 상태였다.

---

* 만성적 스트레스로 인한 신체적, 정서적 소진 상태.

이 상황을 벗어나려고 상담을 받았다.
상담자가 나에게 했던 첫 질문이 아직도 생생하다.

"최근에 하늘 본 적 있는지 한번 생각해보세요."
"하늘요? 글쎄요. 스마트폰을 주로 보거나 아니면 땅을 보고 다녔던 것 같은데……."

환경에 짓눌리지 않고, 숨 잘 쉬고 살아가는 것이 귀한 일임을 뒤늦게 깨달았다.

나의 '번아웃'은 뇌가 보내는 신호였다.
'너 이렇게 살다가는 죽는다!'

그 이후, 나에게 주어진 하루의 시간을 신중하게 배분하는 일에 집중했다.

> 에피소드 2

하루 1시간이면
충분하다

글·이동희 PD

처음으로 하루 24시간을 기록해보았다.

일과 직장과 커리어.
위아래 가족 돌보느라 정작 나만을 위한 시간은 얼마 안 된다는 걸 새삼 확인했다. 내 삶에 리모델링이 필요한 순간이었다.

나중에 뇌과학을 공부하고 나서 알게 된 사실이었지만
우리 뇌의 주된 활동은 복잡해진 신체를 운영하고, 신체 예산을 잘 관리하는 일이라고 한다.*

---

* 리사 펠드먼 배럿 교수는 『이토록 뜻밖의 뇌과학』에서 '몸에서 뭔가 필요할 때 충족시킬 수 있도록 뇌가 자동으로 예측하고 대비'하는 것을 신체 예산(allostasis)이라고 말했다. 생체적응이라고도 한다.

신체 예산 관리는 결국 시간 관리와 연결된다.
시간 자원을 어떻게 나누느냐에 따라 살아갈 날의 삶의 모양도 달라질 것이다.
여러 역할들이 서로 충돌하지 않고
자연스럽게 공존하는 하루를 살기 위해
작품을 만들 듯이 시간을 다듬고 매만지는 노력을 해보자고 결심했다.

그때 시작한 일은
나를 위해 몰입하는 하루 1시간을 만드는 것이었다.
오롯이 나만을 생각하고, 아껴주고, 걱정해주고,
하고 싶은 것을 하는 하루 1시간.

많은 사람이 '하루 쪼개기'를 열심히 한다.
통나무를 패듯 힘 조절과 잔기술로 하루를 패고 잘게 잘게 쪼개가며 보낸다. 이렇게 하루하루를 불태우다 보면 금방 지친다.

'하루 쪼개기'의 진짜 목적은 중요한 일에 집중하는 시간을 만드는 것이다. 열심히 사는 것이 중요한 게 아니라
잘 사는 것이 중요한 것이라는 생각으로 시간 관리를 해야 한다.

나는 열심히 사는 것에 집중한 나머지 잘 사는 법을 잊어버렸던

것이다.

우선 나에게 필요한 목표를 생각해봤다.
'창업 준비'
'대학원 박사과정 준비'
'가족 시간 만들기'
'업무 성과 높이기'……

하고 싶은 일은 많지만
지금은 나의 내면과 소통하며
삶의 방향을 정리하는 것이 우선이었다.
회사 일 외에 가장 하고 싶은 일이 무엇인지
차분히 정리하다 보니
'저자가 되고 싶다'는 내면의 소리가 들렸다.

하루 1시간 일찍 출근해 오늘의 글쓰기를 시작했다.
원하는 독자에게 '일간 이슬아'라는 자신의 글을 이메일로
보내주는 이슬아 작가의 1일 한 편 글쓰기 프로젝트처럼
나도 매일 아침 어떤 글이라도 써내야겠다는 마음으로
책상에 앉았다.

처음에 시작할 때는 낯설고 불편했다.

잡생각이 수시로 끼어들어, 더디고 속도가 나지 않았다.
빈 문서에 커서만 깜박이는 시간이 더 길었다.
쓰고 싶은 글감이 생각나지 않거나
생각나더라도 자꾸 울려대는 카톡방 메시지 때문에
1시간 동안 제대로 몰입하는 시간은 몇 분 되지 않았다.

하지만 반복의 힘은 생각보다 무섭고 강했다.
'1시간' 데드라인을 만들어놓고
이 시간에 맞춰 반드시 마무리할 수 있게
훈련하고 연습했다.

오전 9시 이후 업무시간엔 제작 팀원들과의 커뮤니케이션이나
외부와의 대면 미팅 등 다른 업무를 의도적으로 배치함으로써
업무시간 전 '1시간'이 그 자체로 의미 있는 시간이 되도록 포지셔닝했다.

1시간 동안 몰입하는 습관이 몸에 배자,
하루 한 시간뿐 아니라 나의 24시간이 전반적으로 재편되는
새로운 경험을 했다.

몰입을 통해 잠재력을 최대한 발휘하는 방법을 소개하는 책
『몰입』에서 황농문 박사가 "몰입은 우리가 쓰레기통에 던져놓았

던 먼지 낀 시간들을 순도 100% 황금빛 삶으로 바꿔놓을 것입니다"라고 썼듯이 나의 시간들도 순도 높은 황금빛 시간으로 변화하는 경험을 할 수 있었다.

또 시간에 대한 가치 판단이 달라졌다.
쓸데없이 회의가 길어지거나
회의 준비가 제대로 안 돼 헤매는 경우,
과감하게 정리하는 판단력이 생겼다.
브레인스토밍을 위해 끝장 회의를 하는 경우를 제외하고는
각자 생각을 압축적으로 정리해 의견을 주고받는
퀄리티 높은 짧은 회의를 선호하게 되었다.

자신의 시간을 잘 관리하는 것만큼
다른 사람의 시간도 아까워해야 한다는 배려심도 생겼다.
그러다 보니 남의 시간을 뺏는 사람들과는 자연스레 멀어졌다.

하루 1시간이 처음에는 사소하고 평범한 시간이라 생각됐다.
확신을 갖고 시작했다기보다는 이렇게라도 해보자는 마음으로 시작했다.
축적의 시간이 길어지면서 달라진 일상이 선물처럼 다가왔다.

무엇보다 나를 위해 온전하게 살아낼 힘,
최선의 삶을 살아갈 힘을 키웠다.

> 에피소드 3

새로운 시간을
찾아내는 방법

글·이동희 PD

톨스토이의 잠언록 『살아갈 날들을 위한 공부』에는
인생을 잘 살아가기 위한 조언이 담겨 있다.
그중에서도 '무언가를 하기 위해 시간을 내라'는 말이 인상 깊다.

"일하기 위해 시간을 내라. 그것은 성공의 대가이다."
"생각하기 위해 시간을 내라. 그것은 능력의 근원이다."
"운동하기 위해 시간을 내라. 그것은 끊임없이 젊음을 유지하는 비결이다."

톨스토이의 조언은 명확하다.
무언가를 하려면 시간을 내는 것이 첫걸음이라는 것이다.

물론 앞서 얘기했던 '하루 1시간'을 만드는 것이 처음부터 쉬웠던 것은 아니다.
덩어리 시간을 확보하는 것이 관건이었다.
나 역시 글쓰기 작업 패턴을 만드는 데 꽤 어려움을 겪었다.
쓰다 말다를 반복했다.

아침에 일찍 일어나볼까.
가장 먼저 생각한 것은 누구나 한 번은 시도해본다는
'미라클 모닝'*이었다.
요즘 기상 시간이 7시 20분, 두 시간을 당기면 5시 20분이다.
시험이 코앞에 닥쳤을 때도 안 되던 '일찍 일어나기'가 될까?
엄두가 안 났다.
글쓰기가 절박하다고 뇌가 인지하지 않고 있다는 증거였다.

조금 덜 고통스러운 방법은 무엇일까.
저녁은 어떨까?
밤 10시부터 1시간 나를 위한 시간을 만들어본다면?
하지만 일주일에 평균 두 번쯤 있는 저녁 약속은 어떻게 할까.
약속이 없어도 저녁 먹고 정리하면 금방 밤 10시일 텐데······.

---

* 이른 아침에 일어나 독서, 운동, 명상 등 자기계발 활동을 하는 것을 뜻한다. 미국 작가 할 엘로드가 『미라클 모닝』이라는 책에서 소개했다.

결국 낭비하는 시간이 있는지 점검할 수밖에 없었다.

일단 '하루를 선택하는 기술'이라는 부제가 붙은 『식스 블럭』이라는 시간 가계부를 샀다.

하루를 6개 블럭으로 나눠 기록해봤다.

스마트폰으로 뉴스 보고, 숏폼 보는 시간이 어마어마했다.

첫 번째 시도는 스마트폰 멀리하기였다.

오전 9시부터 낮 12시까지 스마트폰을 들여다보지 않기로 결심했다.

다음은 2023년 10월 23일의 기록이다.

"10월 23일 월요일 아침.

8시 30분 적금을 예금으로 예치하고,

주식 매매를 하지 않기로 했다.

차를 한 잔 끓이고 9시 시보에 맞춰 스마트폰을 묵음으로 바꿨다.

9시 50분, 무의식중에 스마트폰을 본다.

카톡 메시지 확인하고, 연합뉴스 속보까지 본다.

코스피가 2500을 돌파했단다.

스마트폰을 보고 있는 나를 자각하고 깜짝 놀라 서둘러 덮는다.

잠시 뒤 카톡 진동. 주말 안부를 묻고 만나자는 얘기로 10분.
또 카톡이 와서 또 응답한다.
전화로 하면 10분이면 끝날 걸 30분이나 카톡을 주고받는다.

벌써 12시,
중간중간 카톡을 보다 보니 읽고 있던 책이
하나도 눈에 들어오지 않는다.
카톡에서 오갔던 말이 잡념이 되어 머릿속을 어지럽힌다.
오늘은 실패다."

시간 가계부를 한 달 정도 써보니,
소모적인 일에 너무 많은 시간을 사용하면서
삶의 풍성함이 사라지고
내 인생의 기록지가 점점 짧아지고 있었다.

처음에는 나이가 들어서 그런 줄 알았다.
익숙한 일상이 반복되면 기억에 남는 시간이 짧아져서
시간이 빠르게 흐르는 것처럼 느껴진다고 한다.

그런데 나의 경우는 달랐다.
매 순간 그 경험을 흠뻑 즐기거나 느끼지 않기 때문에
기억하지 못하는 것에 가까웠다.

뭔가 휙휙 지나가는 느낌이 들었다.
'언제 그걸 했지?', '그 사람 만나서 무슨 얘기 했지?'
기억나지 않는 일이 더 많았다.

하루의 삶을 가치 있게 느끼면,
똑같은 70년, 80년을 살아도
내 기억 속에 저장된 시간의 길이는 다를 것이다.

'카르페 디엠, 지금 이 순간을 살아라'*라는 말은 대단히 의미 있다.
그냥 물리적 시간만 잠식하는 가짜 시간이 아닌,
온전히 집중하는 진짜 시간을 만드는 것이 소중하다.

---

* Carpe Diem. 고대 로마 시인 호라티우스의 시에서 유래한 말로, '오늘을 붙잡아라'라는 뜻의 라틴어. 현재의 소중함을 강조하는 말로 쓰이고 있다.

> 에피소드 4

일어나는 것보다
자는 것이 더 중요하다

글 · 이동희 PD

나는 아침형 인간이다.
그렇다고 미디어에 흔히 소개되는 성공한 사람들처럼
새벽 4~5시에 일어나서 명상하고, 신문 보고,
운동하는 그런 습관을 가진 것은 아니다.
다양한 사람들의 라이프스타일을 살펴보고,
내 생활에 적용하면서
나만의 '아침형 인간'의 일상을 만들어나가고 있다.

가장 도움이 되었던 사람들은 작가들이었다.

오노레 드 발자크, 무라카미 하루키, 파울로 코엘료, 김탁환······.
이런 작가들의 평전, 에세이, 인터뷰를 읽으며 그들만의 시간 만드는 법을 터득했다.
무엇보다 이 작가들은 하나같이 쉽게 포기하지 않고 버티는 힘,
의지력-이것도 근력에 해당된다-을 갖고
스스로 뭔가를 꾸준히 하는 사람들이었다.

그런데 흥미로운 건 이 작가들의 라이프스타일이
아주 단순하다는 것이다.
글쓰기, 운동하기, 휴식.
디테일에서는 차이가 나지만
대체로 이 세 가지 큰 카테고리를 기본적으로 유지하되 모두
아침 시간을 잘 활용한다는 특징이 있다.

세계적인 작가 무라카미 하루키는
매일 오전 4시에 일어나 글쓰기를 시작해
하루 6시간 원고지 20장을 채운 뒤 아침 식사를 한다.

소설가 김탁환 역시 새벽부터 오후 2시까지 글을 쓴 뒤,
개인 업무를 본다.

처음에 관심을 가졌던 부분은 아침 루틴이었지만, 탐색하다 보니
의외로 자는 것도 중요하다는 것을 알게 됐다.

유명인들의 일상을 자세히 들여다보면
미라클 모닝 이전에 미라클 슬리핑을 철저하게 지키고 있다.
일찍 일어나기 위해 저녁 시간 관리에 엄청난 에너지를 쏟아붓는다.

워런 버핏은 매일 저녁 10시 30분에 잠자리에 들어
최소 8시간 수면을 취한다.
또한, 중요한 미팅이나 약속을 저녁 시간에 잡지 않는 것으로
알려져 있다.
그는 '내 인생의 3분의 1일을 수면에 투자한다'면서 충분한 수면이 의사 결정 능력에 아주 중요하다고 강조한다.

빌 게이츠의 변화 역시 흥미롭다.
그는 마이크로소프트 초기 시절
'밤을 새워 일하는 것이 일상'이고,
때로는 이틀 연속 잠을 자지 않기도 했으며
'잠을 많이 자는 것은 게으른 일'이라고 생각했다.
하지만 매슈 워커의 『우리는 왜 잠을 자야 할까』를 읽은 후
'창의적이고 행복한 하루를 보내려면 반드시 7시간은 잠을 자야 한다'며 생각이 완전히 바뀌었다.

직장 생활을 하면서 저녁 시간을 관리하기란 쉽지 않은 일이다.

거절하는 것이 얼마나 어려운지,
밥 한 끼, 술 한잔 요청에
거리를 두고 칼같이 자르기까지
어느 정도 내적 갈등을 겪어야 하는지,
이런 상황에서 균형을 잡기가 얼마나 어려운지
우리 모두 알고 있다.

'무언가를 하는 것'에 많은 가치를 두는 사회적 통념은
뭐라도 해보는 걸 칭찬한다.
일찍 일어나 활동을 하는 것은 성취로 여기지만
잠자는 것은 '아무것도 하지 않는 것'으로 평가한다.
일찍 일어나는 것은 강한 의지력의 상징으로 신화화되고,
부러움의 대상이지만, 잘 자는 것은 그저 생활 습관이 잘 잡힌
정도로 해석된다.

하지만 여기에도 우선순위가 있다.
'마라톤을 하기 전에 신발 끈부터 매야 한다'라는 말이 있지 않나.
순서를 무시하면 결국 실패하게 된다.
규칙적인 생활, 꾸준한 자기계발, 생산적인 시간 관리, 건강한 습관을 추구한다면 이제는 우선순위를 바꿔야 한다.
일어나는 것보다 자는 것이 먼저다. 잘 자야 제대로 일어날 수 있다.

> 에피소드 5

내 호흡으로
살고 있나요

글·이동애 기자

주위를 둘러보면 자기 호흡으로 사는 사람이 많지 않다.

하루에도 서너 번씩

"커피 한잔 어때요?"
"잠깐 시간 되나요?"

이런 톡에 응하느라 바쁘고, 회사 내부에서 구성된 TF에
이름을 매번 올리지만
거기에서 자신의 역할이 미미하다면
이것은 진짜 성장을 위한 일하기가 아닌
회사 내 평판 관리나 인맥 쌓기를 위한 일들에 가깝다.

물론 회사 내 관계 맺기도 중요하다.
그러나 이 역시도 완급 조절이 필요하다.

회사에서 보내는 시간 중에
다른 사람의 부탁이나 업무 지시,
타인이 떠넘긴 과제로 내 일상이 복잡하고 힘에 부친다면,
누군가의 삶에 인생을 뺏기며 살아가고 있는 것이다.

입사 초기 회사 동료들과 일주일에 한 번씩 등산 모임을 했다.
일요일 아침 6시, 관악산 칼바위 코스였다.
올라갔다 내려오는 데 2시간이 채 걸리지 않는 짧은 코스로,
주말에 근무가 있어도 오전 9시면 회사로 출근이 가능해서 주로 이곳을 선택했다.
다이어트가 목적인 만큼 내려온 뒤에는
간단히 인사만 하고 헤어지는 것이 이 등산 모임의 암묵적인 규칙이었다.

석 달쯤 매주 등산하다 보니 근육이 붙었는지 슬슬 욕심이 났다.
좀 더 긴 코스를 올라가보자.
동료들과 상의 끝에 선택한 곳은 치악산이었다.
원주는 서울에서 그리 먼 거리가 아닌 데다
그래도 '악'자 붙은 산은 한번 가야 하지 않겠냐는 의견이 다수

였다.

오래전 일이라 구체적인 코스는 기억이 나지 않지만, 비로봉 코스가 아니었을까 싶다. 모임의 특성상 3명이 함께 출발은 하지만,
함께 산을 오르진 않는다.
각자 자기 페이스대로 가서, 정상에서 만나기로 했다.

그런데 초반부터 만만치 않은 경사가 등장했다.
함께 간 2명은 저만치 앞서가기 시작했다.
일행이 보이지 않게 되자,
초조해지고 길을 잘못 들까 봐 조바심이 났다.
일행과 거리를 좁혀야겠다는 생각에 헉헉대며 쫓아가다 보니,
주변을 둘러볼 겨를조차 없었다.
숨이 턱까지 차올라 도저히 갈 수가 없어
잠시 멈춰 섰다.

등산로 옆에선 낙엽을 쿠션 삼아,
등산객 2명이 막걸리를 마시고 있었다.
눈이 마주쳤다.
어색해서 웃었다.
그들이 어딜 그리 급하게 가냐고 물어본다.

"일행이 앞에 있는데…… 어디까지 갔는지 모르겠어요."

"그렇게 쫓아가면 산이 안 보여."

막걸리 한잔하고 가란다.

"궁금하면 그 사람들이 찾을 거야.
산에 왔으면 하늘도 보고, 나무도 보고, 산이 뿜는 공기도 실컷 마시고 가야지, 그렇게 땅에 코 박고 미친 듯이 올라가면 안 되지. ㅎㅎ."

맞았다.
애초에 내 호흡이 아니라, 일행의 빠른 걸음을 따라가다 보니
나는 이미 지쳐 있었다.
쫓아가기를 포기하고 그 자리에 앉았다.
건네받은 막걸리 한 잔을 숨도 쉬지 않고 마셨다.
가슴이 뻥 뚫리는 상쾌한 맛이다.
그제야 하늘을 본다.
가을이다.
맑고, 파랗고, 높았다. 숨을 길게 내뿜으니 살 것 같다.
산에 왔다는 것이 실감이 났다.
마치 정상을 가야만 성공한 산행이 된 것처럼 재촉하던 마음이

느긋해졌다.

그렇게 한숨을 돌리고, 다시 정상을 향해 천천히 걸었다.
가다 보니 정상 인근에서 내려오고 있는 동료들이 보였다.
왜 이렇게 안 오나 걱정이 돼, 찾으러 내려오는 중이라고 한다.
피식 웃음이 났다.

"그 말이 맞네. 안 올라가면 찾으러 내려올 수밖에. 어차피 내려와야 하니까."

절대, 반드시 해야 하는 일은 없다.
정상을 향했지만, 여의치 않으면 잠시 쉬어도 된다.
남이 정한 목표를 따라만 가다 보면, 내가 사라진다.
처음부터 내 호흡대로 갔더라면 숨이 덜 가빴을 거다.

흔히 마라톤을 자기와 벌이는 싸움이라고 한다.

공기, 당일의 바람, 기온, 같이 달리는 선수들,
여러 변수 속에서 자유자재로 스스로를 적응시키며,
자신만의 속도로 자연스럽게 물과 같이 레이스의 흐름을 타고 갈 때 좋은 결과가 나온다.

일할 때도 마찬가지다.
누군가 정해놓은 스케줄에 한 치 오차도 없이 맞추려고
숨 가쁘게 살다 보면
지쳐 나가떨어진다.
일정에 차질이 생겨 "왜 못 맞췄을까, 맞출 수 있었는데"라며
후회하고 자책하면, 성과를 내기 어렵다.

자신만의 템포로 삶을 살아가는 일에도 연습이 필요하다.
자기 주도적인 태도는 공부하는 학생들한테만
필요한 것이 아니다.
직장인에게 더 요구되는 자세다.
굴러가는 공을 멈춰 세우는 건 어렵다.
그래서 연습이 필요하다.

"잠깐만요", "아니요", "생각 좀 해보면 안 될까요?"

이런 말들을 준비해, 멈추고 싶은 순간에 툭 던진다.
틈이 만들어진다.
이 순간을 잡아서 숨 고르기를 하면 된다.

에피소드 6

자갈밭의
매력

글 • 이동애 기자

일본에서 3년간 특파원 생활을 마치고 귀국할 무렵이었다.
회사에 복귀하면 어떤 일을 맡게 될지 몰라, 내내 마음이 편치 않았다.
귀국하기 전에 그동안 신세 진 분들에게 인사하러 다니는데,
앞으로 어떤 업무를 맡게 되는지 묻는 이들이 많았다.

어느 날 귀임 인사를 하러 대사관에 들렀다.
또 똑같은 질문이 나왔다. 돌아가면 뭘 하게 되냐고 물었다.
머뭇머뭇하는 나를 향해 직원 한 분이 이렇게 말했다

"돌아가면 꽃길만 걸으려 애쓰지 말고, 자갈밭에서도 굴러보세요."

"꽃길은 누구나 원하는 길이라 경쟁이 치열하지만,
자갈밭에선 대부분 의욕이 없어서, 조금만 의욕을 가져도 빛날 수 있어요. 얘기 되지 않아요?"

회사에서 인정받으려고 애쓰고 살았던 마음을 들킨 것 같아
살짝 부끄러우면서도, 이상하게 위로가 되었다.
긴장했던 마음이 훅 풀리는 느낌이었다.

자갈밭에서도 보람을 찾으면,
경쟁으로만 보이던 일이 오히려 재미있을 거라는 그 말은
경쟁 시스템에 길들여졌던 나의 마음에 오래 남았다.

남들과 똑같이 생각하지 않고,
다른 선택을 하면, 다른 인생이 열린다.

꽃길이 아니어도 괜찮다는 담담한 마음은 의외로 강력한 힘을 발휘할 때가 많다.
혹시 모퉁이를 돌아섰는데 느닷없이 자갈밭이 펼쳐진다고 해도,
당황하지 말고 그 나름의 매력을 찾아보자는 생각은
회사 생활뿐 아니라, 살아가는 데 자유로움을 느끼게 한다.
자갈밭에서는 남들의 이목을 끌지 않고,
별다른 태클 없이 해보고 싶은 일들을 시도해볼 수 있는 재미가

있다. 때로는 자갈밭에서 자신도 모르는 재능을 발견하고, 인생을 새롭게 설계하기도 한다.

갑자기 잊고 지냈던 자갈밭 시절이 떠올랐다.
매일 아침 김포공항을 출입하던 때다.
인천공항이 개항하기 전이어서,
언론사마다 김포공항에 취재 기자를 상주시키던 시절이었다.
항공기 사고나 밀수, 마약 사건 아닌 다음에는
크게 기삿거리를 찾기 어려워,
기자들이 선호하는 출입처는 아니었다.
그런데 나는 그곳이 좋았다.

매일 아침 여행에 대한 기대로 들떠서 출국하는 사람들의 얼굴을 보는 것도 즐겁고, 회사에서 기사 작성에 대한 부담을 주지 않는 것도 매력적이었다. 열흘에 하나 정도 기획 기사를 쓰면 열심히 한다는 얘기를 들었다.

항공사 케이터링 서비스, 비행기 티켓, 지방 공항 활주로 길이, 항공기 부품 연한 등 내가 궁금한 이야기를 취재하는 쪽으로 기획 방향을 틀었더니, 기사 반응이 좋았다.
기사를 바라보는 새로운 관점을 얻었던 시기였다.

로마 시대 철학자 세네카는 정계에 입문해 꽃길을 걸으려다
음모에 연루되어 8년 동안 유배 생활을 했다.
갑자기 자갈밭에 구르게 된 세네카는
분노와 좌절, 모욕감으로 솟구치는 화를 글로 누르며
삶의 의미를 찾았다.
그때 쓴 책이 지금도 널리 읽히고 있는 『화에 대하여』다.

"화가 당신을 버리는 것보다 당신이 먼저 화를 버려라.
그동안 다른 사람들을 괴롭히고,
우리 자신도 괴롭히는 고통을 안겨준 화.
우리는 좋지도 않은 그 일에 귀한 인생을 얼마나 낭비하고 있는가!
화를 내며 보내기에는 우리의 인생이 얼마나 짧은가."

_세네카, 『화에 대하여』

화를 내며 자신을 갉아먹지 말라는 말뿐 아니라
'다른 사람들이 우리 어깨에 얹어놓은 짐을
굳이 감당해야 할까'라는 질문도 와닿았다.

세네카는 "가벼운 짐을 어깨에 졌을 때는 넘어지지 않고 나르기가 쉽지만, 다른 사람들이 우리 어깨에 얹어놓은 짐을 지탱하기는 어렵다"라고 말한다.

스스로 선택한 짐은 그것을 어떻게 지고 언제 내려놓을지 통제할 수 있지만, 타인이 얹어놓은 짐은 통제권이 없다는 생각에 더 부담스럽다.

어깨에 짊어진 무게를 이기지 못하고 뜻하지 않게 넘어졌을 때, 흔히 운을 탓하며 화내기 마련이다.

이럴 때는 누구에게나 이런 일은 생길 수 있다고 여기고
덤덤하게 옷에 묻은 흙을 털어내듯 털고 일어서면 된다.

에피소드 7

불안과 걱정에는
현재가 없다

글·이동애 기자

어젯밤에는 잠을 설쳤다.
퇴근 직전, 회의를 하다 끝을 맺지 못한 일이 불현듯 떠올랐다.

'좀 더 정확하게 메시지를 던졌어야 했는데
상대방이 내 말뜻을 정확하게 이해하지 못한 건 아닐까?'

찜찜하다……
내일 다시 확인해봐야겠다……
빨리 내일이 왔으면 좋겠다……

생각이 꼬리에 꼬리를 물어 잠을 설쳤다.
일이 더 꼬이기 전에 정리하고 싶어서 다음 날 서둘러 집을 나섰다.

마음이 급했는지, 빠른 걸음으로 걷다가 결국 넘어졌다.
귤껍질이 바닥에 버려져 있는 걸 못 본 것이다.
속수무책으로 미끄러져 바닥에 머리를 부딪혔다.
주변 사람들의 도움으로 일어나긴 했는데,
살짝 정신을 잃었는지
잠깐 동안 여기가 어딘지 생각이 나지 않았다.

불안한 마음에 회사가 아니라, 병원으로 향했다.
종합병원 응급실로 갈 수가 없어서, 가정의학과를 들렀다.
머리를 부딪힌 상황을 설명하며, MRI를 찍고 싶다고 했다.
의사는 황당한 표정으로 질문한다.
"환자분 지금 머리가 아프세요?"
"아니요."
"토할 것 같거나, 속이 울렁거린다든가 하는 증상 있나요?"
"아니요."
"어제 일어난 일이 기억이 안 난다든가 하는 증상은요?"
"없어요."

의사는 문진과 증상 확인을 통해
MRI를 찍을 필요는 없을 것 같다고 판단했다.
나는 "회사에 휴가를 내고 왔으니 온 김에 찍어보면 좋겠다"고
우겼다. 의사는 인내심을 가지고 설명했다.

"환자분, MRI는 현재의 뇌를 찍는 거지,
미래의 뇌를 찍을 수 없습니다.
오늘은 그냥 돌아가시고, 혹시 72시간 내에
머리가 아프다든가 속이 울렁거린다든가 하는 증상이 있으면
응급실로 바로 오세요."

맞는 말이다.
병원을 나오면서, 당장 아픈 것도 아니고 '아플 것 같다'는
일어나지 않은 일을 걱정하는 내 모습이 웃프다고 느껴졌다.

막연한 불안과 걱정도 병이 아닌가?
이런 현상이 나만의 문제일까 해서 찾아보니
독일에서 활동 중인 철학자 한병철 교수는 '불안'을 시대적 질병으로 규정하고 있다.

"불안을 뜻하는 독일어 'Angst'는 원래 '궁지'라는 뜻이었다.
그래서 불안한 사람은 궁지에 몰린 기분을 느낀다.
불안은 미래를 가로막고, 가능한 것과 새로운 것으로 향하는
통로를 차단해버린다."

_한병철, 『불안사회』

불안은 통제할 수 없는 미래의 불확실성에 직면했을 때,

이를 해소하기 위해 에너지를 과하게 쏟을 때 생겨난다.

빔 벤더스 감독의 영화 〈퍼펙트 데이즈〉에는
과거의 상처, 미래의 불안 이런 것에 얽매이지 않고
평범한 일상에서 소박하지만 깊이 있는 행복을 찾는
도쿄의 청소부 '히라야마'가 등장한다.

그는 고목 줄기에 나 있는 작은 잎사귀나
나뭇잎 사이로 스며든 온화한 햇빛 같은,
모두가 쉽게 지나치는 작은 순간을 포착하고, 감동한다.

'지금은 지금'일 뿐이고 '다음은 다음'일 뿐이라는 주인공의 말이
인상적이다.
지나간 일은 아무리 후회해도 바뀌지 않는다는 걸 알면서도,
왜 자꾸 그 생각에 빠져들까?

생각해보니 내가 불안했을 때는 현재가 아닌 과거나 미래에
사로잡혀 있을 때였다.
지금 눈앞에 있는 일에만 집중해도 충분하다.
불안과 걱정에는 현재가 없다.

> 에피소드 8

습관은 감정을
불러일으키지 않는다

글·이동희 PD

유튜브 '요정식탁'에 드라마 〈무빙〉의 원작자 강풀 작가 인터뷰가 나왔다. 〈무빙〉은 초능력을 가진 주인공들이 세상을 구하겠다는 대의보다는 가족을 위해 싸우는 설정이 흥미롭다. 인터뷰에서 소개한 그의 글쓰기 작업 방식이 독특했다.

그는 새벽 4시 반에 항상 작업실에 출근해,
하루에 무조건 4페이지를 쓴다고 한다.

"'요정식탁'을 녹화하려고 오늘은 새벽 2시에 작업실에 갔어.
내일 지우더라도 오늘 무조건 4페이지를 써야 해.
무조건 4페이지를 쓰지 않으면 퇴근을 안 해.
습관을 잘 들인 거지."

_유튜브 '요정식탁'의 '강풀'편 인터뷰 중에서

단단하고 뚝심 있는 사람이라 생각했는데 다 이유가 있었다.
강풀 작가의 인터뷰에는 새벽 작업에 대한 불편함이나 괴로운
감정이 전혀 없었다. 그저 하는 일, 일상사였다.

아무리 작은 습관이라도 완전히 자리 잡기까지는 오래 걸린다.
뇌에 패턴을 만드는 일이 어디 쉬울까.
중단하면, 원래 자리로 금방 되돌아간다.

연구에 따르면 뇌의 '가소성'으로 말미암아 작은 습관 하나가
안착되는 데 평균 66일이 걸린다고 한다.
가소성이란 뇌가 새로운 경험과 학습, 환경 변화에 적응하여
구조와 기능을 바꾸는 능력을 말한다.

습관의 종류에 따라 필요한 시간이 다르다.
물 마시기 같은 간단한 습관은 빨리 만들어지고,
운동 같은 복잡한 습관은 더 오랜 시간이 필요하다.

고비를 넘어, 귀찮고 불편한 감정을 느끼지 않는 단계까지
끌고 가야 습관이 완성된다고 한다.

스티븐 기즈는 저서 『작은 습관 만들기』에서
습관이 완전히 자리 잡은 증거로 세 가지 신호를 제시한다.
'거부감이 들지 않는다', '생각 없이 하게 된다', '일상화된다' 같은
것들이다.

일본 육상계의 전설 다카하시 나오코는
2000년 시드니 올림픽에서 마라톤 금메달을 딴 다음 날,
일어나자마자 평소 습관대로 훈련장에 나갔다고 한다.
훈련장에 아무도 없는 걸 보고 그제야 올림픽이 끝났다는 것이
실감났고, 올림픽은 365일 중에 그냥 평범한 하루일 뿐이라는
생각이 들었다고 한다.

"금메달을 따면 큰 변화가 있지 않을까 기대했지만,
밖에 나가 하늘을 쳐다봐도, 느끼는 바람도 어제와 변함없이
같을 뿐이었다.
나도 차분하게 지금까지의 내 자신으로 지내자는 생각을
새삼스럽게 가진 계기가 됐다."

이렇듯 습관의 힘은 올림픽이 끝난 다음 날도 다카하시를 훈련장
으로 이끌었다.

오랫동안 쌓아온 습관 하나가 얼마나 위력적인지는

올림픽 역사상 가장 많은 23개의 금메달을 딴
'수영 황제' 마이클 펠프스의 사례를 보면 알 수 있다.

펠프스는 다른 선수와 어떤 차이점이 있는지 묻는 질문에 매일 훈련하는 습관을 언급했다.

"나는 5년 동안 내리 훈련하면서 하루도 빼먹은 적이 없습니다.
1년 365일 매일요.
저는 매년 52일이 더 있는 셈입니다.
모두가 수영을 멈춘 일요일 그들이 수영하지 않는 날에
저는 한 걸음 더 전진할 수 있었습니다.
제가 가장 좋아하는 말은 '위대한 사람들은 하기 싫을 때도
꼭 무언가를 한다'입니다. 그것이 그냥 잘하는 것과
최고를 구분하는 차이입니다."

> 에피소드 9

정말 싫어하는
일을 잘한다는 것

글·이동희 PD

TV 예능 프로그램에서 추신수 선수의 미국 생활이 나오는 걸 봤다.
가족들이 함께 식사하는 자리에서 추 선수의 큰아들이
기숙사 생활이 힘들다며 혼자 방을 쓰는 문제를 상의하는 장면이
었다.

아빠 추신수는 아들의 의견에 반대하면서 자신의 이야기를 쭉
풀어놓았다.

"혼자 쓰는 건 말이 안 된다고 생각해. 왜 그런지 알려줄까?
그 애들하고도 맞춰서 살아야 되니까…….
아빠가 미국에서 야구 시작할 때, 말도 안 통하지, 대만 사람, 일본
사람, 여러 나라의 사람들이 섞여 있고,

백인도 있고 흑인도 있었어.
그런 사람들에게도 어떻게 해야 하는지를 배워야 해.
사람들과 잘 지내는 법을 배워야 해.
살면서 너희들이 하고 싶은 대로 할 수 있는 건 많지 않아."

추신수 선수가 전하고 싶은 메시지의 핵심은
'다른 사람들과 잘 지내는 것이 인생의 필수 능력'이라는 것이다.

2010년 당시 소속팀이었던 클리블랜드 인디언스의 감독 매니 액타는 지역 언론 '플레이딜러'와 인터뷰하는 자리에서 추신수 선수를 이렇게 평가했다.

"입장료의 가치가 있는 선수.
그는 훌륭한 5툴(five-tool) 플레이어다.
정교한 타격, 장타, 수비, 주루, 송구까지
모두 다 잘해내는 선수다.
직업관이 투철하고 선수들에겐 훌륭한 동료다.
그와 함께 있다는 것은 굉장한 기쁨이다."

감독의 평가에서도 알 수 있듯이 추신수 선수의 성공 비결은
뛰어난 실력과 함께 동료들과의 관계 형성 능력이었다.

그는 아무리 야구를 잘해도, 동료들과 화합하지 못한다면
오래 지속할 수 없다는 것을 경험으로 알고 있었다.
그래서 아들에게도 힘든 상황일수록 사람들과 어울리는 법을
배우라고 조언한 것이다.

재능이 있더라도 탁월해지기 위해서는
잘하는 것에 만족하지 않고 성장하려는 꾸준함이 필요하다.
여기에 싫어하는 일도 잘해내겠다는 마인드셋*까지 더해지면
실패하기도 어렵다.

물론, 인생은 짧으니 좋아하는 일을 하면서 살아야 한다.
그런데 좋아하는 일을 해도 도중에 하기 싫은 일은 생긴다.
사람들과 갈등이 생기는 일이나,
가치관이 다른 직장 상사의 업무 지시 같은 것들이다.
이럴 때 미루거나 피하고 싶은 게 사람의 자연스러운 심리다.
하지만 아무리 피하려 해도 결국 마주해야 하는 일들이 있다.
추신수 선수가 언급한 일이 바로 그런 범주에 속한다.

내 경험으로는 피할 수 없는 일일수록 정면으로 마주하는 게
나았다.

---

* mindset: 개인의 사고방식, 태도, 신념 체계. 심리학에서는 주어진 과업에 반응해 활성화되는 인지 과정을 뜻한다.

어쩌면 '하기 싫은 일'을 대하는 태도가 차이를 만드는 것 같다.

나도 예전에는 하기 싫은 일을 만나면 심하게 미루는 습관이 있었다. 하기 싫다는 불쾌한 감정이 솟구치고, 이런 감정적인 불편함을 피하려다 보니 자꾸 미루곤 했다.
심리학 공부를 하면서
하기 싫은 일을 미루는 행동은 단순한 게으름이 아니라
뇌의 복잡한 메커니즘의 결과임을 알게 되었다.

감정을 담당하는 변연계의 편도체는 불편함을 피하려고 하지만
뇌에서 고차원적인 사고를 담당하는 전전두엽은
장기적인 목표를 위해 그 일을 해야 한다고 판단한다.
뇌의 이 두 부분에서 갈등이 벌어지면 더 강한 변연계 때문에
자꾸 미루게 된다.

뇌의 이런 특성을 활용해 감정을 전략적으로 사용하는 법을 훈련할 수 있다. 그래서 어떤 일을 미루고 싶을 때는
"아니, 미루려는 건 내가 아니야.
파충류의 뇌가 동물적으로 반응하는 거야.
나는 인간이야. 침착해야 돼. 일단 생각을 좀 해보자."

이렇게 자기 암시를 한다.

일종의 인식 전환을 하며 일에 대한 시각을 바꿔보는 거다.

'이건 너무 어려워'라고 생각하는 대신 '이건 배울 기회야'라고
인식을 바꾸면 변연계의 저항을 줄일 수 있다.

이런 감정들을 관리하는 연습을 꾸준히 하다 보면
뇌의 신경 연결이 재구성되면서, 하기 싫은 일에 대한 저항감이
줄어들게 된다.

전문가들은 정말 하기 싫은 일, 혹은 어렵다고 느끼는 것을
극복하기 위한 방법으로 의식화된 패턴을 만드는 것을 추천한다.
리추얼(ritual) 즉 의식적인 행위를 하는 것인데,
반복적이고 지루한 일을 극복하기 위해
자기만의 의식 행위를 만들라는 것이다.

실제로 창작자들과 학자들은 자신만의 의식을 통해 마음가짐을
정비하곤 한다.

소설가 발자크는 글을 쓰기 전 반드시 목욕을 하고
'수사복'을 입은 뒤 커피 한 잔을 마셨다.
창작에 몰입하기 위한 그만의 준비 과정이었다.

문화심리학자 김정운 박사는 일을 즐기기 위한 의식으로
'오전 6시 30분에 일어나 혼자만의 우아한 아침 식사'를 즐긴다.
미리 준비해둔 샐러드와 빵, 직접 원두를 갈아 핸드드립으로
내린 커피를 클래식 음악과 함께 음미한다.*

---

* 주간경향, 2014년 1월 7일, '유인경이 만난 사람' 참조

> 에피소드 10

승모근 200g,
나를 아끼는 방식에 관해

글·이동애 기자

하루 종일 컴퓨터 앞에 앉아 있으니,
퇴근 시간이 다가오면 어깨가 뻐근해지고,
목덜미가 당기기 시작한다.
근육을 풀기 위해 스트레칭을 하다 보면 두 어깨에 훈장처럼
승모근이 느껴진다.
손으로 어깨를 움켜잡는다.
한 200g 되려나…….
삶을 지탱해온 내 어깨에 언제부터 승모근이 발달했을까?

승모근은 목에서 시작해 등까지 이어지는 마름모 모양의 근육이다.
목을 앞으로 뺀 상태로 오래 앉아 있거나,
스마트폰을 자주 보면 승모근과 주변 근육의 긴장도가 올라간다.

일반적으로 스트레스를 받으면 무의식적으로 몸에 힘이 들어가는데, 이런 긴장이 계속되면 승모근이 딱딱해지고 통증이 발생하기도 한다.

회사 일은 늘 효율성을 최우선으로 한다.
뉴스를 다룰 때는 마감 시간을 지켜야 하고, 팩트*가 틀려서는
안 된다. 빈틈없이 보이려면 긴장을 안 할 수가 없다.
내가 어떤 일을 끝내기 위해 어떤 속도로 일했는지는 나만 안다.
100m 달리기를 하듯 전력 질주를 했는지,
뛰다가 쉬기도 하며 쉬엄쉬엄 전략적인 질주를 했는지
회사는 알 수 없다.
회사는 그 일의 결과만을 가지고 평가할 뿐이다.

문제는 이런 속도감을 계속 유지하기 어렵다는 점이다.
직장 생활을, 인생을 100m 달리기처럼 살 수는 없다.
매일 아침 내 몸과 마음에 여유가 얼마나 비축되어 있는지
점검하고, 전략적으로 에너지를 쓰는 훈련이 필요하다.

딜레마는 내가 에너지를 충전해야 할 시기에,
동료들이 속도를 내기 시작할 때다.

---

* 의견이나 추측이 아닌 확인된 정보.

속도 차이가 너무 나면, 따라잡기 어려울 거라는 조급함이 생긴다.
충분히 쉬지 않고 덩달아 속도를 내면, 결국에는 따라잡지도
못하고 지쳐 쓰러진다.
특히 존재의 이유를 노동에서만 찾다 보면,
일을 하지 않을 때 사람들은 더 불안해진다.
나 역시 끊임없이 일을 찾아 헤매고, 주어진 일은 빠른 속도로
처리하며, 기능적으로 우수한 사람이라는 걸 증명하고 싶어 했다.
내 어깨의 승모근은 그런 습관의 산물이다.

독일 언론인 마티아스 뇔케는
『나를 소모하지 않는 현명한 태도에 관하여』에서
자신을 소모하지 않고 비축하는 지혜에 대해 알려준다.

"에너지를 비축하려면 스스로 독립성과 자주성을 지켜야 한다.
방해받지 않는 시간이 있어야 하며, 자신만의 자유 공간이 필요
하다. 없으면 의도적으로 만들어서라도 말이다."

오랜 시간 축적된 긴장이 만들어낸 승모근의 묵직한 뼈근함과
어깨를 짓누르는 통증을 없애기 위해
필라테스를 시작했다.
나에게 집중할 수 있는 의도적 시간 만들기다.
운동을 하다 보니 강사는 복부의 힘을 강조했다.

배에 힘을 주는 순간, 어깨가 펴지고, 머리가 들린다.
시선은 정면을 보고 있다.
내 안에 없던 여유가 갑자기 생겼다.

긴장을 푸는 또 다른 방법은
극한 상황에 굴복하지 않는 사람들의 이야기를 읽는 것이다.
인권, 자유민주주의를 지키기 위해 싸우다
27년간 감옥에 있었던 넬슨 만델라 자서전이나
나치 강제 수용소에 갇혔던 참혹한 기록이 담긴 빅터 플랭크의
『죽음의 수용소에서』, 그리고 이순신의 『난중일기』에서 위로를
얻는다.

『난중일기』는 조선시대 전쟁사를 연구하는 데 귀중한 자료이기
도 하지만, 나에게는 다르게 읽힌다.

『난중일기』를 보면, 상당히 많은 날에 날씨만 적혀 있다.
맑음. 맑음. 흐림. 생사를 넘나드는 전장에서 '맑음'이라는 한 줄은
일종의 생존 보고서다.
이순신은 왜 전쟁터에서 일기를 썼을까?
전략과 전술을 가다듬는 기록이기도 하지만,
전쟁터에서 그 나름의 호흡으로
긴장을 푸는 수단이 아니었을까.

"무술년 1598년 10월 2일 맑음, 오전 6시에 진군해서 우리 해군이 먼저 나갔는데, 정오까지 싸워서 적을 많이 죽였다. 사도첨사가 탄환을 맞아 전사하고, 이청일도 역시 전사했다."

참담한 전쟁터의 상황을
담담하게 적어 내려가는 글을 읽다 보면,
역설적으로 마음이 평온해진다.

문득 지금 내 주변에 일어나는 일들은 별거 아니라는 생각이 든다.
그냥 차분하게 오늘을 살자.
일상을 사는 행복을 누리자.

> 에피소드 11

잃고 나서야
알게 되는 것들

글•이동애 기자

몇 해 전 이사를 했다.
우리 집은 동남향 아파트 2층이다.
30년 자란 나무들이 우거져 거실 풍경에는 나무가 한가득이다.
봄에는 하얀 목련이 창문을 두드린다.
바람이 서늘하게 바뀔 즈음이면,
윗집 아주머니가 50년 전 심어둔 감나무에 가을이 무르익는다.
창밖으로 손을 뻗으면 나뭇가지를 잡을 수 있을 정도로 가까워
눈 호강을 한다.
나만의 정원을 가진 것 같아 즐거웠다.

넉 달간 집에 있으면서 회사 일을 잠깐 쉬었는데,
본의 아니게 집을 관찰할 기회가 생겼다.

아침 7시 반쯤 출근해서 저녁 8~9시에 퇴근할 때는
몰랐던 풍경들이 눈에 들어오기 시작했다.

예를 들면 거실에 햇빛 들어오는 시간 같은 것이다.
할 일이 없으니 쓸데없는 생각을 하나 보다 싶었지만,
가만히 집에 있어 보니 그런 것들이 눈에 들어왔다.
시간을 재봤더니 하루에 1시간 40분 남짓이다.
11시쯤 손바닥만 한 햇빛이 거실에 들어왔다가
금세 옆 동에 가려 사라진다.
작은 엽서 크기다.

이사한 지 4년 만에 처음 안 사실이다.

그런데 묘하게도 햇빛이 갖고 싶어졌다.
우리는 가진 것에 금세 익숙해지고, 없는 것에 눈이 간다.
심리학에 '헤도닉 적응'*이라는 개념이 있다.
감나무와 눈앞에 펼쳐진 작은 나만의 정원에 대한 만족감은
시간이 지나면서 줄어들었다.
그리고 이제 없던 것—햇빛—에 대한 새로운 갈망이 생긴 것이다.

---

* hedonic adaptation: 새 환경이나 물건, 성취에 익숙해지면서 더 큰 자극을 찾게 되는 현상.

나는 눈앞의 나무보다 햇빛이 더 좋다는 사실을 자각하게 되었다.

집에서 햇빛의 소중함을 깨달은 것처럼,
직장에서도 비슷한 경험을 했다.
당연하게 있던 것들이 사라지고 나면 새삼스레 소중함을 알게
된다. 일하느라 바빠서 자신을 돌보지 못해 건강을 잃는다든가,
가족, 또는 친구 관계가 소원해지는 일들을 누구나 한 번씩 겪는다.
그런데 나에게는 직장 동료들이 그런 존재였다.

넘치는 사람들 숲에 살다 보면 사람이 보이지 않을 때가 있다.

나 역시 200여 명의 동료들이
왔다 갔다 하는 뉴스룸에서 오래 지내다 보니,
사람 귀한 줄 모르고 살았던 것 같다.

2022년 대통령 선거 방송과 지방 선거 방송이라는
두 차례 대형 이벤트가 끝나고,
50명 가까이 되던 선거기획단의 동료들이 제자리를 찾아 떠났다.
당시 선거기획단장이었던 나는 백서를 마무리하느라,
가장 오래 선거기획단 사무실을 지켰다.

선거가 끝난 지 3개월 뒤

선거기획팀장이 마지막으로 떠나고 나 혼자 남았다.
그로부터 6개월은 빈 사무실에서 혼자 있었다.
커피 사들고 찾아오던 동료들마저 점차 줄어들었다.
평소에는 복잡한 인간관계가 싫었는데
막상 혼자 사무실을 지키려니
잊힌 존재가 된 것 같은 고립감을 느꼈다.

백서를 서둘러 마무리하고, 일을 찾아 사람들 숲으로 먼저 떠났어야 했던 건 아닌지 후회도 되었다.

이 경험을 통해 깨달은 게 있다.
때로는 적절한 때에 물러나는 것도 중요한 선택이라는 점이다.
우리는 보통 성공과 전진에만 주목하지만,
자리에 연연하다 물러날 때를 놓치면
명예나 사람, 새로운 기회를 잃을 수 있다.

결국 햇빛이든 사람이든 기회든, 잃고 나서야 그 소중함을 깨닫게 된다.

생각해보니 인생은 항해와 같다.
흐름에 무작정 몸을 맡기면
뜻하지 않은 방향으로 흘러가게 된다.

원하는 곳으로 가려면 바람이 어디로 부는지,
내가 가고 싶은 곳은 어디인지 끊임없이 살펴야 한다.
거센 파도가 칠 때는 항구에 정박하고 멈춰 설 줄도 알아야 한다.
손실을 줄이기 위해 기다리는 것도 선택이다.

` 에피소드 12 `

의지력 없이
꾸준히 하는 법

원래 나는 산만한 편이었다.

자료 조사를 하다가 중간에 드라마를 보거나,

인터넷 서핑을 하다가 마음에 드는 공연을 발견하면

바로 카드를 꺼내 결제해버린다.

자제력이 부족한 걸까? 호기심이 많은 편인 걸까?

이런 나쁜 습관을 고치기 위해

많은 시도를 해왔다.

그중에서도 반복적으로 실패하는 일이 있다.

매년 1월이면 나는 새해 결심으로

매일 아침 6시에 운동하기로 다짐했다.

첫 주는 그럭저럭 의지력으로 버텼다.

알람이 울리면 일어나, 무조건 나갔다.

하지만 조금 지나면 이런저런 핑계가 생기기 시작했다.

전날 회식하고 몸이 조금만 피곤하다 싶으면

"일주일에 두세 번만 하면 되지, 매일 할 필요 있을까"라고

자기 합리화를 한다든가,

날씨가 조금만 흐리거나 비가 오면

마치 비를 기다렸다는 듯이 "오늘 비가 와서~ 못 하겠네!" 하며

결국 한 달도 못 가서 흐지부지 포기하기를 반복했다.

생각해보면 참 어이없는 일이다.

같은 시간에 출근하는 건 10년째 아무 생각 없이 하고 있으면서,

왜 운동하는 건 이렇게 어려운 걸까?

몇 년 전

유명한 배우 한 분을 인터뷰할 기회가 있었다.

얘기를 하다 보니

그분이 굉장히 규칙적인 라이프스타일을 가지고 있다는 걸 알게 됐다.

미디어에 알려진 모습은 자유분방한 기질의 소유자로 보였는데,

전혀 상반된 생활 패턴을 가지고 있었다.

어떻게 그런 습관을 가지게 됐냐고 물어보니
무언가를 새로 시작하면 기존의 자신의 생활 반경 안에서
할 수 있도록 환경을 만든다고 한다.

"나는 나만의 동선을 만드는 걸 선호해.
 헬스클럽을 집과 작업실 사이에 두면,
지나가다가 불편해서라도 들어가게 되거든."

갑자기 머릿속이 환해졌다.
"와, 이 사람 천재 아냐?"

글·이동희 PD

그분이 생활철학으로 들려준 에피소드에는
사실 놀라운 과학적인 근거가 숨어 있었다.

30년간 습관을 연구해온 듀크대학의 웬디 우드 교수 연구팀은
흥미로운 사실을 발견했다.
습관은 특정 상황에서 자동으로 켜지는 스위치 같다는 것이다.
우리 행동의 절반이 매일 비슷한 장소에서 일어나고,
이는 환경이 자동으로 유도하는 결과라는 것이다.

예를 들면 '집에 들어와서 소파에 앉으면 자동으로 TV 리모컨을 집는다', '스마트폰을 침대 옆에 두면 자연스럽게 잠자리에서도 스마트폰을 본다' 같은 이런 행동들은 '의식적 선택'이 아니라 환경이 만든 자동반응이다.

새로운 동선을 만든다는 것은
스스로에게 매일 '넌지시 알려주는' 신호를 만드는 것이다.
헬스장을 집과 직장 사이에 두면,
매일 그 앞을 지나면서 '운동해야 한다'는 사실을 떠올리게 된다.
의지력에 의존하지 않고도 자연스럽게 행동하게 되는 것이다.

여기에서 질문이 떠올랐다.
왜 환경 설계가 의지력보다 효과적일까?
흔히 성공과 실패의 척도로 의지력을 제시하지 않나.

의지력과 자제력 연구의 권위자인
로이 바우마이스터 교수의 이론에 따르면,
의지력은 근육과 같은 유한한 자원이다.
사용할수록 고갈되고, 피로해진다.
매일 아침 '일어날까 말까' 고민하고,
'오늘은 갈까 말까' 결정하는 과정에서 이미 하루 치 의지력을 다 써버리게 된다.

하지만 동선을 미리 설계해두면 다르다.
'갈까 말까' 고민할 필요가 없다.
그냥 지나가는 길이니까 들어가면 된다.

그래서 나는 전략을 바꿨다.
의지력에 의존하는 대신, 환경을 재설계했다.
일단 스마트폰 알람을 침대 옆이 아니라 책상 위에 두고
울리도록 했다.
모자와 운동복은 침대 바로 옆에 준비해두었다.
운동 코스도 바꿨다.
사람들이 북적대는 경의선 숲길 넓은 공원을 뛰는 대신
커피숍이 많은 한적한 동네 골목으로 코스를 바꿨다.
돌아오는 길에 무인카페에서 커피 한 잔 사 마시는 즐거움을
배치했다.

결과는 놀라웠다.
'할까 말까' 고민할 시간도, '준비물은 뭐지?' 생각할 필요도 없었다. 알람을 끄러 가는 사이 잠이 깨며 몸이 자동으로 움직였다.
그 결과, 지금은 거의 매일 일정한 시간에 일어나 운동을 하고 있다.
환경만 바꿨을 뿐인데 결과가 놀랍다.
의지력이 아닌 시스템의 힘이다.

나만의 동선을 만드는 것은
미래의 나를 위해 현재의 내가 환경을 미리 설계하는 일이다.

의지력이 없어도 꾸준히 할 수 있다니,
매력적이지 않은가.

3부

관계와

성장

허세가 쓸모 있어진다면.
"될 때까지 그런 척하면 된다."

에피소드 1

주인공의 경로를
바꾸는 것은 빌런이다

천문학에 관심을 가지면서 자주 하늘을 본다.
한강 변을 산책하다 목성과 화성의 반짝이는 별빛을 보면
득템한 기분이 든다.
관심을 가지니 좋아하게 되고,
좋아하니 알아보게 된다.

우주의 생성, 별의 탄생과 소멸
그리고 천체에 작용하는 힘,
우주의 근본적인 질서라 할 수 있는 중력의 법칙을 이해하게 되니
묘한 심리적 안정감이 느껴져서 좋다.
아마도 중력 법칙이 주는 일관성, 예외 없음에서
위로를 받는 것이 아닐까 싶다.

지구의 중력을 거스른다는 것은 결코 쉬운 일이 아니다.
대기권 밖으로 로켓을 보내는 데 드는 에너지는 상상 이상이다.

일부 분석에 따르면 일론 머스크가 만든
우주항공 개발업체 스페이스엑스(SpaceX)의
우주선 스타십을 저궤도에 올리는 데 필요한 에너지는
성인 680명이 1년 동안 사용하는 에너지와 맞먹는다.
로켓 발사에 필요한 엄청난 에너지 양을 잘 보여주는 수치다.

우주에서의 모든 움직임은 에너지를 요구한다.
물체의 경로를 만들거나 바꾸는 데는
엄청난 힘이 든다.
지구와 충돌할 것 같은 소행성의 경로를 변경하려면
우주선을 충돌시키는 것과 같은 강력한 힘이 필요하다.

우리가 사는 세상도 사뭇 복잡한 것 같지만
들여다보면 기본적인 물리 법칙의 지배를 받고 있다.

지구에 살고 있는 이상,
어찌해도 중력의 힘에서 벗어날 수 없듯이
수많은 사람들이 어울려 살아가는 사회생활에서도 사람들 간에
일종의 사회적 중력이 작용한다.

사회적 관계에서 발생하는 힘을 이해하고
때로는 활용해가며 자신의 경로를 만들어가야 한다.

우리는 모두 각자 설계한 자신만의 지도를 하나씩 가지고 살아간다. 그런데 이 경로대로 가는 것이 순탄하지는 않다.
의지와 노력을 연료로 삼아
자신만의 로켓을 쏘아 대기권 밖으로 올렸다면
일단은 성공한 인생이라 할 수 있다.

자신만의 유니버스를 찾아가는 여정은 고행길이다.
연료가 떨어질 때도 있고,
무언가에 부딪쳐 부서지고 고장 나기도 한다.
때로는 블랙홀에 빨려 들어갈 수도 있다.
소행성 같은 장애물에 부딪쳐 엉뚱한 방향으로 튕겨 나가기도 한다. 이러한 우여곡절이 우리 인생을 드라마로 만든다.

그래도 우주의 질서와 법칙을 이해하게 되면
이런 예측 불가능한 사건을 새로운 시각으로 바라볼 수 있게 된다.
내 마음대로 안 되는 일에 대해서 더욱 관대해질 수 있다.

얼마 전, 오래전부터 알고 지내던 후배들과 저녁 식사를 했다.

업무보고에서 상급기관의 까다로운 질문에
쩔쩔매면서 답하는 자신에게 자괴감이 들었다는 얘기며,
기획한 프로젝트의 결과가 좋지 않았을 때
자신에게 책임을 돌리는 상사 때문에
화가 나서 사표를 쓰고 싶었다는 격정 토로까지
직장에서 마음을 다쳤던 이야기들이 쉴 틈 없이 쏟아졌다.

그러다 최근에 이직을 선택한 후배 이야기가 나오자,
모두의 시선이 집중됐다.

사표를 내고 짐 정리를 하려고 회사에 갔는데
회사 선후배들의 반응이 뜻밖이어서 놀랐다고 한다.

"잘했다."
"응원한다."
"너의 용기가 부럽다."

이런 말들이 오고 가는 중에 한 선배가 조용히 물어보았다고 한다.

"누가 싫어서 그만두는 거니?"

떠나는 마당에 뒷담화를 할 수 없어 우물쭈물했더니,

그 선배가 이렇게 말했다.

"그 사람에게 고맙다고 해라.
인생에서 경로를 바꾸고 주인공을 성장시키는 건 빌런*이다.
네가 만났던 빌런이 너의 새로운 출발을 부추기는 뜻밖의 역할을
한 거다."

인생에서 마주치는 빌런은
우리의 여정에 예기치 못한 도전을 안겨주는 존재다.
나만의 유니버스로 가는 로켓에 초속 15km로 돌진해오는 소행성과 같다.
이들은 우리의 경로를 방해하고 때로는 완전히 뒤흔들어놓기도 한다.

글·이동희 PD

심리학적 관점에서 볼 때
이런 빌런들이 불러일으키는 '분노'는 강력한 동기부여의 원천이
된다. 분노는 사람이 살아가면서
'아, 이대로 안 되겠다. 뭐라도 바꿔야겠다'라는
가장 강력한 변화의 욕구를 일으키는 감정 중 하나다.

---

* villain: 이야기, 연극 등에서 주인공의 목표를 방해하거나 주인공과 대립하는 캐릭터.

빌런은 우리의 분노 게이지를 높여주고,
경로 이탈에 대비할 수 있는 강력한 연료를 제공해준다.

생각해보니 그렇다.
나를 미워하는 상사 때문에 몹시 고생한 적이 있다.
계속 기획안을 반려한다든가,
출장 건에 대해서 사사건건 꼬투리를 잡는다든가,
뭔가 사적 감정으로 불이익을 계속 주고 있다는 생각이 들었다.

피하자니 지는 것 같고, 그냥 있자니 괴로웠다.
경로 변경을 할까,
다른 부서로 이동해 일단 피해볼까, 고민이 많았다.
아니면 관성대로 가다 대충돌을 해버리는 건 어떨까.
이 경우는 용감하지만, 자해에 가까운 결말이 될 수 있는 상황이었다. 어떻게 해야 할까, 한참을 고민했던 기억이 있다.

인생의 빌런은 수시로 출몰한다.
그럴 때 '쫄지' 말고,
열받음과 분노를 자신의 내면에서 끌어내
출구를 찾을 수 있는 연료로 써보는 것도 좋을 것 같다.

인생의 빌런은 '뜻밖의 선물'이 될 수 있다.

그들 덕분에 우리 안에 잠재된 힘이 깨어나 전혀 다른 방향으로 나아갈 수 있는 강력한 추진력을 얻게 된다.

그러다 보면 어느 순간, 우리만의 특별한 우주를 향해 날고 있는 자신을 발견하며 안도하는 순간을 맞이하게 된다.

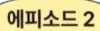
에피소드 2

허세가
쓸모 있어진다면

한국 사람들이 넷플릭스에 빠지게 된 이유 중 하나는
한국 드라마에서는 볼 수 없는 새로운 유형의
주인공들이 등장하는 콘텐츠가 있다는 것이다.
장애나 인종, 성별, 성적 지향성에서 다양성을 가진 주인공들과
비전형적 외모와 체형을 가진 인물들이 주연을 맡는다.
또한 이민자, 혼혈, 다문화 가정 출신 등 경계에 선 캐릭터와
복합적 정체성을 동시에 가진 입체적 인물들을 주요 캐릭터로
내세운다.

이런 폭넓은 세계관을 반영한 인물들은
시청자들의 시야를 넓히고, 새로운 세계에 대한 상상력을
확장시킨다.

특히 여성 리더들을 전면에 내세운 매력적인 작품들이 많다.
여성 주인공이 대통령, 부통령, 총리, 외교관, CEO 역을 맡아
뛰어난 커뮤니케이션 스킬과 문제 해결 능력으로
국가적, 전 지구적 문제를 능수능란하게 다룬다.

여성 롤모델이 다양하지 않던 시대에 직장 생활을 시작한 우리는
영화나 드라마에 나오는 이런 인물들에게 감정이입을 하고
'나라면 어떻게 할까' 시뮬레이션을 해보곤 한다.

그중에서도 최근에는
덴마크 정치 드라마 〈여총리 비르기트〉를 시청하다가,
한 장면에서 무릎을 탁 쳤다.

덴마크 최초 여성 총리가 되려는 아내에게 남편이 이런 말을 한다.

"총리가 되고 싶다면 싸워야지, 허세도 부려.
수많은 일류 경영인들도 허세로 출세했어.
자격은 중요하지 않아.
남성들은 보통 면접에서 자기 능력을 50% 과장해.
여성들은 괜히 약점까지 밝혀서
자기 능력을 50% 줄여 말하지,
혹시 모른다는 이유로.

포커 치는 여성이 적은 이유가 있어.
허세를 못 부리거든. 단호한 자세로 상석에 앉아서 버텨.
리더다운 모습을 보여주면 리더가 되는 거야."

덴마크는 여성들의 경제·정치 활동 참여율이 전 세계에서 상위에 속한다. 2023년 7월 기준, 국회의원 중에서 여성 의원이 차지하는 비율이 43.6%다.* 오랜 기간 이어진 남성 중심의 정치 문화와 네트워크가 여전히 영향력을 미치고 있어서 고위직에선 여성의 진입과 성장이 쉽지 않다.

이 드라마에서 남편은 여성과 남성의 리더십, 커뮤니케이션 방식의 차이를 얘기하고 있다.

허세에 성별 차이가 있는 걸까.
허세는 개인의 기질과 성격적인 특성이 아닐까.
여성이라서가 아니라 내향적이거나 솔직하거나 책임감이 강한 성격 때문에, 허세를 못 부리는 건 아닐까.
혹은 특정 사안을 과장되게 표현하는 것을 허세라고 생각하는 것은 아닐까.

---

* 학술지 브리티시 저널 오브 폴리티컬 사이언스(British Journal of Political Science) 2025년 자료

실제로 우리 자매 역시 남들보다 빠른 성공이나 승진 앞에서
주저하는 내면의 허들을 경험했다.

"너무 빠른 것 아냐?"
"나는 이 자리에 걸맞은 자격을 갖추고 있는 건가?"

끊임없이 자문하고 의심한 적도 있으니 공감되는 말이다.

낮은 연차의 직장인이라면 이런 고민이 크게 와닿지는 않을 것이다. 주어진 업무를 착실히 수행하는 것이 핵심이기 때문이다.
하지만 직급이 올라가고 업무의 폭과 깊이가 달라지면
그때부터 '전략적인 자기표현'의 필요성을 느끼기 시작한다.
적절한 자기 과시나 허세도 필요하다는 걸 깨닫게 된다.

나 역시 동료들을 보면서 '과장이 너무 심하다' 싶어서 공감하지 못한 적이 있다.

하지만 팀장이 되고부터는
이 허세를 어떻게 잘 활용하느냐도
조직 관리에서 배워야 할 기술이라고 생각하게 되었다.

규모가 큰 다큐멘터리 기획이 시작되면

상당히 많은 스태프가 참여하는 회의가 매일 이어진다.
쏟아지는 아이디어의 홍수 속에 자기가 낸 아이디어를
좀 더 돋보이게 얘기하는 사람들이 있다.
현실성은 낮지만 성공하면 대박이 날 법한 매력적인
아이디어들이다.
특히 다큐멘터리 내레이터를 정할 때는
모두가 현재 가장 대중적인 영향력을 가진 사람들,
이병헌, 박보검, 정해인, 김고은, 염혜란 같은 톱스타들을 섭외하려고
한다.

책임 프로듀서를 맡게 되니 생각이 바뀌었다.

이런 신선한 아이디어들이 프로그램의 화제성을 불러일으키고
판을 키우는 데 반드시 필요한
'의욕'이나 '비전'으로도 느껴지기 시작했다.
그런 적극성이 프로젝트에 활력을 불어넣고,
팀 전체에 긍정적인 에너지를 준다.

글·이동희 PD

버진그룹의 리처드 브랜슨은 한발 더 나아가 허세를 더 부리라고 한다.

'될 때까지 그런 척하면 그렇게 된다(Fake it till you make it)'라는 것이 그의 철학이다. 실제로 버진 애틀랜틱 항공을 시작할 때도 비행기 한 대 없이 시작했다.
하지만 언론에는 마치 이미 운항 중인 것처럼 홍보했고,
보잉사에 전화해 "한 대만 빌려달라"라고 했다가 거절당하자,
"그럼 보잉 대신 에어버스랑 거래하겠다"라고 블러핑*했다.
결국 이 전략은 통했고, 버진 애틀랜틱 항공은 성공적으로 출발할 수 있었다.

직장 생활을 통해 봤을 때
'허세'는 실현 가능성이 없는 허황한 주장을 말하지만,
가고자 하는 미래를 이야기한다는 측면에서는 '비전'과 본질적으로 다르지 않다.

둘 다 조직이 나아가야 할 방향이나 큰 그림을 그려놓고,
직원들에게 미래에 대한 기대감과 희망을 불러일으키는 것이다.

---

* bluffing: 허세를 부리는 행위. 게임이나 도박에서는 패가 좋지 않을 때 상대방을 속이기 위해 하는 행위이지만 일상생활에서는 실제보다 유리한 위치에 있는 듯 행동하는 것.

차이가 있다면 허세는 현실 기반이 부족하고,
비전은 실행 가능한 경로를 담고 있다는 점이다.

최근에 동료와 대화하다가 흥미로운 관점을 발견했다.

"고난과 고통만 있다면 누가 그 길을 함께 가겠어.
고생 끝에 달콤한 보상이 있거나
세상을 바꿀 정도의 가치 있는 일이라는 자기 최면이 있어야지.
그게 비전이고, '허세'는 설득의 기술로 등장하는 거 아닐까."

설득의 기술로 허세를 받아들이라는 이 관점은 낯설지만 신선했다. 이런 과시는 결국 자신감과 비전을 보여주는 도구다.
실행력이 뒷받침된다면 진정한 성공으로 가는 지름길로 활용할 수 있다.

허세는 있는 척, 멋있는 척하는 행위다.
그렇지만 이런 행동 안에는 자기 성장의 에너지, 욕구와 열망이 담겨 있다. 허세에 용기와 끈질긴 노력, 실행력이 더해진다면
'쓸모 있는 허세'가 된다.
허세가 실질적인 성과로 이어지면 이때부터는 무시하기 어려워진다. 오히려 유용하고 강력한 무기가 된다.

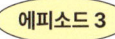 에피소드 3

명품은
투명한 존재감을 가진다

비가 오려나~~ 날씨가 끄물거린다.
외출하면서 머뭇거리다 선택한 것은 비닐우산이다.
가볍게 동네 산책 나갈 때 주로 선택한다.
중간에 비가 그치거나 비가 오지 않으면 금방 잊히는 것이
우산의 존재다.

비닐우산은 값이 싸니 잃어버려도 그만이다.
비 오는 날 들고 나갔다가 카페나 음식점에 두고 온 비닐우산만도
여러 개다.

일본에서 3년간 특파원으로 일하면서 느꼈던 흥미로웠던 문화적
특성 중 하나는

바로 '우산'에 대한 생각이었다.

태풍이 자주 오고 비가 잦다 보니 일본에서 볼 수 있는 우산의 종류는 다양하고 판매량도 엄청나다.

일본에서도 비닐우산은 소모품이다.

한 해 버려지는 비닐우산만 해도 1억 개가 넘는다고 한다.

물론 대부분 저렴한 중국산이다.

하지만 비닐우산이라고 해서 모두 가볍게 취급되는 것은 아니다.

그중에는 결코 함부로 다룰 수 없는 특별한 비닐우산도 있다.

가격이 1만 8000엔, 우리 돈으로 하나에 17만 원가량 하는 우산인데, 일왕 부부가 공식 행사에서 시민들을 만날 때 사용하는 것으로 유명하다.

이 때문에 '왕실 우산'이라는 별칭으로도 불린다.

최대 풍속 30m/s(초속)를 견딜 수 있는 탄탄한 우산살에 특수 필름 소재 비닐을 씌워 태풍에도 끄떡없고 견고하다.

습기가 차지 않아 시야를 방해하지 않는 궁극의 투명함이 특징이다.

명품으로 거듭난 비닐우산을 만든 회사의 성장 스토리가 궁금해 취재한 적이 있다.

'화이트로즈'라는 이 회사의 역사는 300년이 넘었다.
에도시대에 '다케다 상점'이라는 간판으로 우비를 만들어 팔다
1950년 전후에 우산 전문 제조회사로 거듭났다고 한다.

세계 최초로 비닐우산을 만들어 크게 성공하면서
비닐우산만 제조하는 전문 회사로 변신했다.
그러다 1980년대 위기가 찾아왔다.
값싼 중국산에 밀려 고사될 처지에 몰렸다.

그때 이 회사가 선택한 전략은 '비닐우산의 명품화'.
'품질'과 '가격'의 고급화였다.
40여 명의 장인들이 특수 소재의 우산살에 비닐 커버를 씌워
한 땀 한 땀 수제로 만들어냈다.
노인들이 지팡이로도 쓸 수 있게 우산 손잡이 모양을 바꾸고,
가방에 넣어 다닐 수 있는 양산 겸용 비닐우산도 생산했다.

글•이동애 기자

명품이 된다는 것은 독보적인 것을 추구하는 것이다.
독보적인 것은 '자기만의 이야기'에서 시작한다.
여기에서 중요한 것은 '자기만의 질문'을 던지는 것이다.

비닐우산이 단순히 아름다움만을 추구했다면
결과는 평범했을 것이다.
하지만 '뒤집히거나 찢어지지 않고 절대 비에 젖지 않는 우산'을
만들겠다는 명확한 목표와 집념이 있었다. 이런 의지에 디테일에
대한 집요함과 혁신적인 기술력이 더해져 독보적인 제품이 탄생
할 수 있었다.

놀라운 건 그다음 이야기다.

궁극의 투명함을 자랑하는 이 비닐우산은
대중과 접점을 원하는 새로운 수요층에 크게 어필했다.
얼굴을 알리는 것이 중요한 선거운동을 하는 정치인들에게는
필수품이 되었다.
왕실 행사에서도 빛을 발했다.
왕실 가족들이 대중과 소통하며 얼굴을 자연스럽게 노출할 수
있도록 돕는 도구로 자리 잡은 것이다.
'화이트로즈'의 대체 불가능한 투명함 때문에 왕실 우산이 됐다.

회사 생활을 할 때 지나친 솔직함이 독이 될 수 있다고들 한다.
그래서 우리는 종종 본심을 감춘다.
하지만 왕실 우산이 가르쳐주는 메시지가 있다.
가장 투명할 때 가장 강력한 연결이 일어난다는 것이다.

방송사는 프로그램 하나하나가 시청률과 화제성이라는 정량적 지표로 평가받는다. 또한, 특종, 단독 보도 등 남들과 다른 차별화된 아이템으로 승부를 거는 인정 욕구가 강한 사람들이 모여 있는 집단이다.
여기서는 단 한 번의 실패가 곧 무능으로 여겨지기 쉽다.
그렇기 때문에 솔직하기 어렵고
자신의 무지나 실수를 인정하는 것은
더더욱 쉽지 않다.

그런데 중요한 순간에는 그 솔직함과 투명함이 없으면
사람들의 신뢰를 잃게 된다.
팀이 위기에 처한 순간에, "그건 제 실수입니다"
혹은 "제 책임입니다"라고 말하지 못하는 리더라면
사람들은 떠난다.

함께 성장하기 위해서는
비닐우산처럼 투명해질 수 있는
결단과 용기와 지혜가 필요하다.

에피소드 4

3번 타자와
4번 타자의 차이

김성근 감독이 출연하는 프로그램은 꼭 찾아서 보는 편이다.
그가 야구를 통해 만들어내는 휴먼 스토리와
인재를 보는 선구안, 정확한 판단력을 좋아한다.

김성근 감독은
"쓸모없는 사람은 없다. 다만 이를 알아보지 못하는 리더가 있을
뿐"이라며 누구에게나 장점 하나는
꼭 있다고 믿고 선수를 키워낸다.
또한 혹독한 훈련과 적절한 상황 판단으로
선수들의 몸과 정신을 성장시키기 위해 많은 시간을 투자한다.

그를 보면 인재를 적재적소에 배치하는 것도 중요하지만

자신의 위치를 몰라 방황하는
젊은 후배들에게 길을 알려주는 것도
리더의 중요한 역할이라는 생각이 든다.

회사 생활을 하다 보면
회사에서 나는 어떤 위치에 있는지,
회사가 나를 어떻게 생각하는지 궁금해하는 후배들이 있다.
그럴 때 자주 하는 질문이 있다.

"너는 야구로 말하면 어떤 포지션인 것 같아?"

야구에서는 개인의 역량도 중요하지만,
팀의 승리를 위한 협업이 더 중요하다.
직장 생활도 마찬가지이다.
조금만 자극을 주어도 자신의 역량을 잘 발휘하는 사람들이 있다.
그런 후배들이 지금 연차에 무엇을 해야 하고
배워야 할지 물어올 때

"몇 번 타자인지 한번 생각해보세요"라고 말한다.

야구에서 3번 타자와 4번 타자는
서로 다른 역할과 핵심 역량을 가지고 있다.

3번 타자는 안정성과 일관성이 핵심이다.
높은 타율과 출루율로 다양한 상황에 적응하는 능력이 필수다.
반면 4번 타자는 결정력과 파워가 핵심이다.
압박 상황에서 강인함과 위협적인 존재감으로
경기 흐름을 바꾸는 능력이 중요하다.

이러한 차이를 방송사에 적용해보면
기자의 경우 3번 타자형은 매일매일 출입처에서 뉴스 아이템을 취재해 제작하는 사람이다. 탐사 보도나 장기 기획 취재를 통해 단독 아이템을 발굴하는 기자들은 4번 타자에 해당한다.

PD로 영역을 확장하면, 3번 타자형 PD는 안정적인 시청률을 확보하는 유형이다. 요즘 예능으로 보자면 '미우새', '1박2일', '라디오스타' 같은 프로그램을 맡은 PD이다.

이에 반해 4번 타자형 PD는 높은 리스크를 감수하고
새로운 파일럿 프로그램을 시도해 강한 임팩트를 주는 유형이다.
'무한도전(초기)', '복면가왕(초기)', '삼시 세끼', '효리네 민박', '스트리트 우먼 파이터' 같은 혁신적 프로그램들이 대표적이다.

나는 홈런 타자는 아니었다.
다큐멘터리 한두 편으로 독보적인 자기 세계를 인정받아

수많은 상을 받고 대가 반열에 오른 선배, 동료가 있다.
나의 작품은 2루타, 3루타 정도의 화제성을 갖는 작품이 대부분이었다.
그래서 안타는 자주 치는데, 홈런이 없어서 고민한 적이 있다.

그러다 어느 날 술자리에서 선배가 PD들을 평가하는 걸 우연히 듣게
되었다. 당시 조직을 관리하는 CP였던 선배는 이렇게 말했다.

"팀을 운영해보면 홈런 한 방보다 출루율이 좋은 사람들이 귀하다.
1년에 한 번 홈런 치고 나머지는 스트라이크 아웃 되는 PD보다
매주 방송되는 프로그램에서 꾸준히 완성도 있는 좋은 작품을
만드는 PD가 되는 게 훨씬 어렵다.
거기에 타율까지 높다면 그건 정말 어려운 일이다."

글•이동희 PD

조직에서의 성과는 야구의 타율과 같은 것이다.
늘 3할대를 치는 선수들처럼, 이런 핵심 인재들이 많이 있는
조직은 탄탄하다.
또한 이를 기반으로 혁신의 기회도 더 많이 얻을 수 있다.

진정한 경쟁력은 자신을 제대로 바라보는 데서 시작한다.

자신만이 할 수 있는 일을 찾기 위해 역량과 강점을 키우되, 어떤 포지션에 걸맞은 선수가 될 것인가를 끊임없이 고민해야 한다. 결국 스스로 답해야 할 순간이 온다.

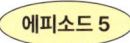
에피소드 5

자주 떡볶이 먹는 사이가
평판을 만들어주지는 않는다

늦은 오후, 평소 알고 지내던 대기업 HR 담당자에게서

문자 메시지를 받았다.

사람들이 없는 곳으로 자리 옮겨서 전화 좀 해줄 수 있느냐는 요청이었다.

사무실을 나와 엘리베이터 뒤편 조용한 공간에서 전화를 걸었다.

HR 담당자는 느닷없이 ○○○에 대해 알고 싶은데,

혹시 아는 사람이냐고 물었다.

회의 때 몇 번 만난 적은 있지만, 같이 일해본 적은 없다고 했더니,

좀 알아봐달라고 했다.

이유는 그 회사 임원급 자리가 비었는데,

물망에 오른 사람이라며 최대한 솔직한 평판을 원했다.

여러 사람에게 물어보면 소문이 날 수도 있어서,

○○○의 지인에게 물어본 뒤 코멘트를 보냈다.

회의할 때 만났던 ○○○에 대한 이미지와 지인의 주관적 생각이
그 사람의 평판이 되었다.
한마디로 요약하면 "성격이 화끈하고, 일을 처리하는 데 추진력이 있으나, 감정 컨트롤이 잘 안 돼서, 후배들과의 사이가 그리 좋지는 않다"였다.
이 한 줄을 어떻게 해석할지는 그 회사의 몫이다.

사내 평판은 자칫하면 험담이 될 수도 있다.
다른 사람의 평판을 전해주다 보니, 새삼 나는 어떤 평가를 받고 있는지 궁금해졌다. 순간 등골이 서늘해졌다.
나 역시 어디선가 누군가에 의해 한 줄로 요약되고 있을 텐데…….
정작 내 평판은 나만 모르고 있는 건 아닐까.

글·이동애 기자

평판은 외면할 수 없는 현실이다.
과도하게 몰입하면 독이 되고 그렇다고 무시하면 순진하다는
소릴 들을 수 있다.

그러다 우연히 의문을 해소할 기회가 찾아왔다.
한 플랫폼 창업자와 인터뷰할 때였다.
기업들이 인재를 찾는 과정에서 평판 체크를 어떻게 하는지 질문

을 던졌더니 돌아온 답이다.

"여기서 중요한 대목은 나의 평판을 만들어주는 사람이
나와 느슨하게 연결되어 있는 사람이라는 거예요.
매일 만나, 술을 먹고 떡볶이를 먹는 사람이
나의 평판을 만들어주지 않습니다.
나랑 가끔 일해보고, 나의 옆 부서에 있었고,
나와 어떤 커뮤니티에 있었던 사람들이
나의 평판을 널리 퍼뜨려주는 사람입니다.
그런 사람들과 관계망을 만드는 것이
과거 어느 때보다 중요해졌어요."

그렇다.
오다가다 잠깐 만난 사이,
가끔 회의에서 만나는 사이,
그렇게 느슨하게 연결된 사람들이 한두 마디 말로,
남의 인생에 중요한 개입을 한다.

특히 경쟁이 치열한 조직일수록
동료들에 대해 좋은 얘기를 하는 경우는 드물다.
변화를 모색하고 열정적으로 노력할수록
주변의 곱지 않은 시선은 더 많아진다.

뛰어난 성취를 한 사람들도 예외는 없다.
그들 역시 수많은 질투와 시샘 속에서 성장했다.
DNA 이중 나선 발견으로 노벨 생리의학상을 받은
제임스 듀이 왓슨의 책 『지루한 사람과 어울리지 마라』를 보면
이를 확인할 수 있다.
이 책에는 지적으로 뛰어난 경쟁자들 사이에서
자신만의 학문적 공간을 확보하기 위해,
우군을 만드는 방법에 대한 구체적인 조언이 담겨 있다.

노벨상 수상자조차 교수 사회의 알력을 겪고,
노벨상을 받고도 연봉 인상이 안 되는,
말도 안 되는 상황을 견뎌야 했다.

왓슨은 몇 가지 조언을 한다.
방에서 가장 똑똑한 사람이 되지 말고,
경쟁자들과 친밀한 관계를 유지하라는 것이다.
또한 분노는 중간 다리 역할을 하는 사람들을 통해 표출하고,
항상 구원자를 확보해두라고 말한다.

"시대를 앞서가려 노력하면 누군가의 심기를 건드리게 된다.
그들은 당신이 분수를 모른다고 생각하고,
당신이 넘어지길 기다린다.

장학금이나 연구비 심사 같은 중요한 순간에
그들이 나타날 수 있다.
그러므로 당신을 편들어줄 중요한 인물을 미리 확보해두는 것이 필요하다."

나에 대해 나쁘게 말하는 사람을 지지자로 돌리는 건 어렵다.
그러나 나에게 호감을 가진 사람을 지지자로 만드는 건 해볼 만한 일이다. 적어도 누군가 무심코 전달한 평판 때문에
나의 도전과 항해가 좌초되지는 않아야 한다.

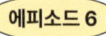 에피소드 6

예의 있는
사람이 성공한다

창사 다큐멘터리나 선거 방송과 같이, 회사의 명운을 건
새로운 대형 프로젝트를 시작할 때는 스태프 구성부터
공을 들인다.

이때 가장 중요한 고려 사항 중 하나는 평판이다.
일을 웬만큼 잘하더라도 평판이 아주 나쁜 경우는 과감하게
포기한다.
평판을 100% 신뢰하는 것은 아니지만
객관화된 평가 데이터로서 중요한 의미가 있다.

처음에는 '평판'이라는 비과학적인 개념을
평가 자료로 쓰는 것이 적절한지 의구심이 있었다.

그런데 경험이 쌓이면서 생각이 바뀌었다.
'평판'이야말로 수많은 사람들의 경험과 판단이 축적되어
만들어진 집단지성의 빅데이터이며,
사람을 가장 압축적으로 표현하는
지표라는 생각이 들었다.

또 하나의 기준은 '일은 일이다'라는 원칙이다.
친구를 찾듯이 스태프를 찾으면 실패하기 쉽다.

하지만 업무 관계에서 인간관계를 완전히 배제할 수는 없다.
회사 인간으로서 살다 보면 가장 에너지를 많이 쏟게 되는 것이
인간관계다. 이것 때문에 울고 웃는다.
좋은 동료들이 있고, 그들과 건강하게 경쟁하고 도전할 때 가장
만족도가 높다.
프로젝트의 성공 여부도 팀워크가 좌우한다.

그렇다고 모든 동료들과 깊은 관계를 맺을 필요는 없다.
내 경험으로는 자신의 이익에만 관심 갖는 사람들과
일하기가 힘들었다.
동료들에 대한 배려나 공감 능력이 떨어지는 경우,
일을 앞세워 무례하게 구는 사람들 또한 팀 내 갈등을 일으킬
가능성이 높았다.

20년이 넘도록 직장 내 무례함을 연구해온
크리스틴 포래스 미국 조지타운대학교 맥도너경영대학원 교수는
무례함(incivility)을 '누군가에게 버릇없이 굴거나, 예의를 갖추지
않거나, 상대방의 기분을 헤아리지 않고 둔감하게 행동하는 것'이
라고 정의했다.
반대로 예의를 '공손함(politeness)과 다른 사람들을 위한 마음,
배려가 포함된 행동'이라고 설명했다.

무례한 사람들은 자신들의 행동에 대한 자각 자체가 없는
경우가 많다.
자신이 아래 직급일 때 그런 대우를 당했기 때문에
상사가 되면 당연히 그렇게 행동해야 한다고 생각하는 경향이
강하다는 것이다.

직장 생활에서 무례한 사람들은
고압적인 태도로 다른 사람들의 말을 자르거나,
개인의 인격을 공개적으로 비판하거나 조롱한다.
또한 조직 내 위계질서를 내세워 조직원들의 업적을 가로챈다.

이런 사람이 조직의 리더라면
부하 직원들은 협업과 아이디어 공유를 중단하고,
소극적으로 변하게 된다.

단기적으로는 성과를 낼 수 있을지 몰라도
장기적으로는 결국 실패로 이어진다.

다행인 것은 이처럼 무례한 사람들이
성공할 것 같지만 반드시 그렇지만은 않다는 점이다.

포래스 교수의 연구 결과가 말해준다.
조직 생활에서 많은 사람들이 다른 사람들을 상냥하게 대하고
그들을 잘 도와주면 승진이 늦어질 거라는 두려움을 갖고 있지만,
실제로는 예의 바른 사람이 승진도 더 빨리 하고
성과도 더 뛰어난 것으로 나타났다.

무례한 사람들은 무례함에도 불구하고 성공한 것일 뿐,
무례하기 때문에 성공한 것이 아니다.

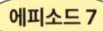 에피소드 7

자신을 움직일
스위치를 찾아라

"하나의 문이 닫히면 또 다른 문이 열린다"라는 문장을 좋아한다.

미겔 데 세르반테스의 소설 『돈키호테』에 나오는 표현이다.
돈키호테가 어떤 모험에서 실패하거나 좌절을 겪었을 때,
다음 모험이나 기회가 기다리고 있다는 의미로 스스로에게 용기를 주기 위해 자주 하는 말이다.

출처를 정확하게 표기하기 위해 검색해보니
돈키호테뿐 아니라 여러 저명한 인사들이 비슷한 말을 남겼다.

가장 유명한 것은 헬렌 켈러 버전이다.

"행복의 한 문이 닫히면 다른 문이 열린다.
하지만 우리는 종종 닫힌 문을 너무 오래 바라보느라
우리를 위해 열린 문을 보지 못한다."

하나의 문이 닫혔을 때 새로운 기회가 생기는 건 분명하다.
헬렌 켈러의 말처럼 닫힌 문만 바라보며
후회하고 좌절감에 빠져 있으면
새롭게 열리고 있는 문을 놓치게 된다.

닫힌 문과 열린 문을 이야기했지만,
때로는 문 자체가 아예 보이지 않는 경우도 있다.

"저를 움직일 스위치가 어디 있는지 모르겠어요.
여러 사람을 만나보고, 여러 가지 일을 해봤지만,
전혀 찾을 수가 없어요."

일본 드라마 〈수수하지만 굉장해! 교열걸 코노 에츠코〉
에 나오는 남자 주인공의 대사다.

그는 열다섯 살에 역대 최연소 문학상을 받았지만,
너무 이른 성공이 오히려 걸림돌이 되어 방황하는 인물이다.
주변의 관심이 부담스러워, 소설 쓰는 일을 비밀로 하고 있다.

드라마 속 남자 주인공은 이미 소설가의 길로 안내하는
문 앞에 서 있으면서도, 그것이 문인지조차 깨닫지 못한다.
문을 여는 것은 손잡이를 돌리는 것이지만,
그에게 필요한 것은 손잡이를 돌릴 '스위치'를 찾는 일이었다.

그러다 '마에무키'(앞을 향하다는 뜻으로, 낙천적이며 긍정적인 사람을 일컫는 말)형 여자 친구를 만나 내면의 스위치를 찾는다.

'진짜 자신이 진심으로 좋아하고 관심 있는 걸 써야 독자들이
공감하고 즐긴다'는 단순하지만 소중한 사실을 깨닫고, 소설가로 사는 삶의 문을 활짝 연다.

가끔 인생에서 스위치가 꺼질 때가 있다.
반복되는 실패로 좌절감에 빠지거나
앞으로 나아갈 방향을 잃어 무엇을 해야 할지 막막할 때,
또는 그동안 세워왔던 목표가 도무지 손에 잡히지 않을 때,
우리는 모든 것을 내려놓고 싶어진다.
그냥 스위치를 끄고 나만의 동굴로, 이불 속으로 도피하고 싶다.
한번 꺼진 인생의 스위치를 다시 켜는 건 결코 쉽지 않다.
무너진 마음은 몸도 무겁게 만들어,
매일 아침 누워 있는 자신을 일으켜 세우는 것조차 힘겨운 과제가 된다.

첫 번째 할 일은 질문을 바꿔보는 것이다.
다행히도, 이것은 누워서도 할 수 있는 일이다.

"난 왜 이럴까?" 대신 "오늘 뭘 할까?"
"왜 동기부여가 안 될까?" 대신 "지금 할 수 있는 작은 일은?"
"남들은 어떻게 하지?" 대신 "나는 뭘 해보고 싶지?"
"왜 나만 이럴까?" 대신 "내가 좋아하는 방식은?"

문제라고 생각했던 것에서 벗어나서 행동하고,
타인과의 비교에서 벗어나서 자기만의 기준에 집중하는 질문들로 바꾸는 것이다.

질문을 바꾸면 우리의 뇌는 새로운 답을 찾기 시작한다.
문제가 아닌 가능성을, 한계가 아닌 기회를 발견하게 된다.
스위치는 거창한 곳에 있지 않다.
'왜 안 될까'에서 '무엇을 할 수 있을까'로,
'문제'에서 '가능성'으로, '남과의 비교'에서 '나 자신'으로
단 하나의 질문만 바꾸어도,
당신 안의 스위치는 이미 켜지기 시작한다.

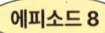 에피소드 8

때로는 그만둘 수 있는 용기가 필요하다

다시 골프 연습을 시작했다. 이번이 세 번째다.
골프장 근처에 가보지도 못하고, 연습장만 오가다 포기하기를 두 번,
이번에는 제대로 배워서 푸른 잔디를 한번 밟아보리라 결심하고
시작했다.
예전에 배웠던 폼이 있어서인지 진도가 빠르게 나갔다.
하프, 4분의 3 스윙까지 잘 왔다.

그런데 풀스윙 레슨으로 넘어가던 어느 날,
오른쪽 어금니 턱 아래에 통증이 시작됐다.
동네 치과에서 받은 진료의뢰서를 가지고 종합병원에 갔지만
원인을 찾지 못했다.
여러 병원을 헤맨 끝에 알게 된 진단 결과는 뜻밖이었다.

4번 상부경추뼈가 살짝 튀어나와 있었는데, 이 부위에서 눌린 신경이 턱 아래 통증 위치와 정확하게 일치했다.

"혹시 최근에 일상생활에 변화가 있었나요?"

"골프 연습 시작한 거 빼고는 없어요."

"상부경추뼈 일부가 살짝 틀어졌고 몸이 균형을 잡으려다 보니
허리와 어깨뼈가 많이 닳아 있어요.
웬만하면 몸 한쪽을 소모적으로 쓰는
골프 같은 운동은 하지 않는 게 좋을 것 같아요."

"이제 막 시작해서 재미가 붙으려고 하는데……."

"결정은 본인이 하셔야 합니다.
너무너무 하고 싶어서 견딜 수 없다면 해야겠지만
몸에 무리가 가는 거 염두에 두셔야 할 것 같네요."

순간 고민이 됐다.
골프를 배우려고 골프화와 장갑을 사고 1 대 1 레슨까지 상당한
비용을 지불했다.
그동안 들인 시간과 비용도 아까웠지만,

골프로 네트워크를 넓힐 기회를 놓치는 것도 아쉬웠다.

글·이동희 PD

누구나 매몰 비용에 대해 집착한다.
이게 아니다 싶을 때 과감하게 멈춰 서는 것이
현명하다는 걸 알지만, 결단을 내리기가 참 어렵다.
수많은 운동 중에 골프 하나만 못 할 뿐인데,
'남들 다 하는 걸, 나만 못 한다'는 왜곡된 감정이 포기를 어렵게 만든다.

이렇게 포기하지 못하고 끌려가는 건 골프만은 아니다.
주식 투자, 인간관계, 인생에서 목표한 많은 일들이 그렇다.

"중요한 것은 버티는 힘이야."

마인드 컨트롤을 하면서,
회사 일에 많은 시간과 노력을 들이고,
때로는 사내 정치까지 동원해 여러 방면으로
설득하고 조율해보기도 했지만
결과가 좋지 않아 뼈아픈 경험으로 남은 프로젝트들이 있다.

이 프로젝트들의 가장 큰 특징은
적절한 중단 시점을 찾지 못하고
계속 끌다가 결국 실패로 끝났다는 것이다.

사람들은 결과가 나쁠 때는 늘 탓하기 마련이다.
그때 접었더라면 손해를 덜 봤을 텐데,
혹은 마음의 상처도 덜했을 텐데,
동료와의 사이가 이렇게 틀어지지 않았을 텐데.
다 끝난 뒤에 하는 후회는 뼈아프다.

진행하던 프로젝트가 살아날 가망이 없다는 직관적인 느낌이
들 때가 있다.
이때는 직관을 믿고 빛의 속도로 접어야 한다.
매몰 비용에 대한 걱정과 두려움 때문에
멈추지 못하면 크게 손해를 보게 된다.
꼭 돈이 아니더라도 평판을 잃든, 사람을 잃든 무언가를 잃게
된다.

우리에게 필요한 것은 때를 알고, 멈출 수 있는 용기다.
안 되는 일에 힘을 다 써버리면 다시 일어나기가 어렵다.
때로는 중도 포기로 잊힌 존재가 되더라도,
그 경험을 축적해 다시 도전할 용기를 키워야 한다.

에베레스트산 정상을 10m 앞에 뒀더라도,
예상치 못한 눈폭풍이 불기 시작한다면 하산할 수 있는 단호함,
혈당이 높으니 당장 디저트를 끊으라고 의사가 말할 때
끊을 수 있는 결단력,
프로젝트가 시작부터 잘못된 설계로 망할 것 같은 직감이 들 때
부끄러움을 무릅쓰고 그만둘 수 있는 용기.
이 모든 것들이 다음 도전을 위한 귀한 자산으로 우리 안에
쌓일 것이다.

의사 결정 전문가 애니 듀크는 '그만두기(Quit)'를 이렇게 정의했다.

"어떤 일을 몇 년 동안 해왔는지는 중요하지 않다.
중요한 것은 일이 생각처럼 진행되지 않을 때
최대한 빨리 접을 수 있는 능력이다.
손실을 조금이라도 빨리 줄일 수 있다면
그 자체만으로도 엄청난 승리를 거두는 것이다."

포기는 '실패'가 아니라 또 하나의 '선택'일 뿐이다.

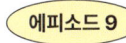
에피소드 9

새로운 인연은
늘 찾아온다

예쁜 표지에 끌려 책을 사는 경우가 있다.
햇살이 밝게 들어오는 높은 천장의 서점에서 20대 여성이 따뜻한 미소로 독자를 바라보는 수채화 같은 표지의 책이 눈에 띄었다.
표지에 끌려 집어 든 책이 뜻밖에 재미있어서 그 자리에서 단숨에 다 읽었다.

소설 내용은 평범했다.
사내 연애 실패로 상처받은 20대 여성 '다카코'는
회사를 그만두고 현실 도피를 선택한다.
외삼촌의 헌책방 다락방으로 이사한 그녀는 어느 새벽,
문고본 한 권을 펼쳐 든다.
그날 밤 책에 빠져들며 다카코는

책 속에서 새로운 삶의 방향을 찾게 된다.

책이 위로가 되는 순간은 누구에게나 찾아온다.
어떤 감정으로 읽느냐에 따라 똑같은 책도 다르게 읽힌다.
마음에 들어오는 문장도 시시각각 다르다.
'비 그친 오후의 헌책방'에서 스며든 한 문장은 이것이었다.

"여기는 항구고, 너라는 배는 잠시 여기 닻을 내리고 있는 것일 뿐이야.
그러니 잘 쉬고 나서 또 출항하면 돼."

이런 문장이 마음에 들어왔다는 것은 지금 나도 뭔가에 지쳤다는 뜻이다.

그런 날들이 있다.
직장 동료들로부터 심한 배신감을 느껴 이직을 결심했을 때,
결국 떠날 수 없어 실망했을 때,
이유 없는 불안으로 잠이 오지 않던 밤에도, 함께했던 수많은 책들이 있다.

책은 지금 내가 어떤 상태인지를 알려주는 거울이다.
책은 사람도 연결해준다.
같은 작가를 좋아한다는 이유 하나만으로,

친근감이 드는 사람이 생기기도 하고,
책과 함께 똑같은 감정을 느낀 사람에게 이유 없이 마음의 문을
활짝 열기도 한다.

책을 통해서 마음을 나누고 싶어서, 다양한 북클럽에 나가고 있다.
각각의 장점과 개성이 뚜렷하다.

'과학 & 철학 읽기 클럽'은 우리 자매가 함께 만들어서 끌고 가는
독서모임이다.
사회에서 만난 마음 맞는 다양한 직업군의 사람들과
혼자 읽기 어려운 책을 읽는다. 각자 전공과 경험이 다르다 보니
북클럽을 하면서 내 지식의 폭과 깊이가 달라지는 게 느껴진다.
최근에는 인공지능과 관련된 책 몇 권을 연달아 읽고 있다.

이동애 기자가 뉴스룸 기자들과 함께 하는 북클럽은, 정서적으로
유대감을 깊이 느낄 수 있어서 좋다.
그냥 이유 없이 점심 먹으면서 나누는 일상 대화와는 시간의
밀도가 다르다.
상대방의 생각을 더 많이 알게 되고,
겉으로 보던 모습과 다른 깊은 내면을 엿볼 수 있다.

이것 외에도 우리 자매는 커리어 개발을 위한 교육 프로그램을

이수한 동기들과 독서 모임을 각자 하고 있다.
여기서는 주로 자기계발서나 경영서, 에세이를 함께 읽고
'어떻게 살 것인가'에 대한 질문을 함께 고민한다.

비슷한 분야에서 일하는 사람들이 아니어서 그런지
책을 해석하는 관점도 다양하다.
대부분 직장 생활 10~20년 차에 있는 사람들로,
직장 생활의 어려움도 공유하고, 자기계발에 대한
열망도 확인한다.
각자 다른 회사에 다니다 보니, 언제든 지지하고 응원해주는 매력이 있다. 모임을 마치고 나면 책을 통해 다른 세계와 연결되는
느낌을 받는다.

그러고 보니 책을 통해 많은 인연들을 만들어나가고 있다.
늘 새로운 인연이 찾아온다.
잠시 스쳐가는 '시절 인연'이라 해도 그 자체로 소중하다.

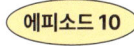

진짜 관리해야
하는 것은 겸손이다

우리 자매가 팀장이 된 시기는 40대 중반이다.
그때 어려웠던 점을 이야기하다
의견이 일치했던 부분이 있다.

'겸손하기가 쉽지 않다.'

아무리 일해도 빛이 안 날 때가 있다.
열심히 했는데 윗사람이 자신의 성과를 가로채거나
옆 부서나 동료들 중에서 더 빛나는 실적을 이룬 사람이 등장해
묻히는 경우도 있다.

머리 위에 먹구름이 낀 것처럼,

파란 하늘을 볼 수 없는 날이 길어지면 한 번씩 고민한다.
'저 사람 옆에 있다가는 영원히 소모품으로 쓰이다가 버려지는 건 아닐까?
자신을 내세우지 않고
타인을 존중하는 겸손의 미덕만 믿다가,
인정도 못 받고 그저 그런 인생을 살게 되면 어쩌지?' 이런 걱정이 따라다닌다.

하지만, 인생에서는 늘 변곡점이 있기 마련이다.

작은 성취가 모여 조직에서 인정받으면
이것이 내 노력의 결과라는 뿌듯함이 생긴다.

그런데 이때부터 슬슬 마음속에 오만함이 자리 잡는다.
오만함이 생기면 다른 사람과 생각을 공유하기 어려워진다.
자신이 최고라고 믿기 때문에 타인의 장점은 눈에 들어오지 않는다.
남에게서 배우는 것도 중요한데, 오만함은 이런 소중한 기회를 놓치게 만든다.
그럼에도 수많은 자기계발서들은 아이로니컬하게도
경쟁에서 살아남는 법을 제시하느라 바쁘다.
자기 자신을 끊임없이 단련시켜

육체적, 정신적으로 단단하게 만들고,
자신을 돋보이게 만드는 온갖 도구들을 장착한 뒤, 전장에 나서라고 한다.

성과주의 조직 문화에서는 타인을 존중하고,
나를 내세우지 않는 겸손의 가치가 평가절하된다.
하지만 겸손한 마음이 사라지면
결과적으로 나 자신을 단련하고 성장시킬 기회를 놓치게 된다.

우리도 그랬다.
내가 옳다고 믿는 방향으로 프로젝트를 끌고 가기 위해
동료들과 많이 부딪쳤다.
그 과정에서 날카로운 말들을 주고받다
상처를 주기도, 받기도 했다.

이런 날 선 태도와 감정이
주변 사람들과 장벽을 쌓는 결과를 만들어냈다.
마음의 문을 닫고 상대방에게 솔직하게 말하지 않다 보니
성공하기 위해 필요한 좋은 아이디어와 추진력을 얻기 어려웠다.

되돌아보니 그때는 자리가 주는 권위만 의식하면서
남들의 생각을 들을 준비가 제대로 되어 있지 않았던 것 같다.

'겸손' 연구자인 대릴 반 통게렌 교수는 겸손을 이렇게 정의한다.

"겸손이란 자기 자신에서 출발해 세상을 정확히 파악하는 것이다. 겸허한 사람은 스스로 무엇에 뛰어난지, 어떤 분야에서 성장과 개선을 위해 노력하면 도움이 될지 알고 있다. 겸손은 자신을 너무 크지도 작지도 않게, 딱 적당한 크기로 보는 것이다."

나와 세상을 어떻게 바라볼 것인가에 대한 질문에서
겸손은 자기 객관화의 출발점이자 결국 더 나은 성과와 관계를 만드는 진짜 힘이다.

PD 노트

고비사막에서
보낸 40일

글·이동희 PD

나에게 사막은 극한 환경에서 40일을 보낸 고비사막이다.
고비사막은 모래가 끝없이 펼쳐진 사하라와는 전혀 다른
풍경이다.
약 5%만이 모래로 이루어져 있을 뿐, 대부분은 초원, 산악 지대,
자갈 평원이 어우러진 복합적인 지형이다.
고비사막의 참모습은 모래만 잔뜩 있는 희뿌연 막막함이 아니라,
녹색이 곳곳에 머리를 내미는 건조하면서도 선명한 대지였다.

내가 몽골 고비사막에 가게 된 이유는 그곳에 공룡 뼈가 있기
때문이었다.

한국의 이융남 교수가 이끄는 한·몽골 국제 공룡탐사대가

몽골 고비사막을 40일간 탐사하는 프로젝트가 있어 운 좋게도
합류하게 되었다.

사막은 멀었다.
김포공항을 떠나 몽골의 수도 울란바토르에 도착한 후,
물과 텐트, 식량을 실은 트럭과 함께 사막으로 향했다.

목적지는 힐멘자브.
울란바토르에서 700km 떨어진 먼 사막이다.
탐사대가 이 험한 여정을 감수하는 이유는 단 하나,
신종 공룡 화석이 발굴될 가능성이 높은 곳이기 때문이었다.
제대로 된 도로도 없는 길을 달리며 탐사대와 함께 야영하는
사막 여정이 시작되었다.
차로 2박 3일 동안 이동해 마침내 도착한 힐멘자브는
붉은 사암 협곡과 모래언덕, 침식된 절벽이 어우러져 장관을
이루고 있었다.
웅장하고 비현실적인 풍경에 나는 완전히 압도되었다.

붉은 절벽들이 광활하게 펼쳐진 광경을 보니,
1억 년 전, 백악기에 이곳이 공룡들의 생명력으로 들끓었던 땅이
라는 것이 실감 났다.

바람 한 점 없는 고요한 날이었다.

하늘은 파랗다 못해 눈이 시릴 정도였고, 붉은 절벽은 더욱 불타오르는 듯했다. 지금은 고요한 침묵만이 흐르는 이 땅에서 지구의 역사를 떠올렸다.

공룡은 멸종하고 인류가 진화해서 이 자리에 서 있다.

지구 나이 45억 년이라는 시간 개념이 비로소 피부로 느껴졌다.

사막에서의 하루는 쉽지 않았다.

화장실에 가려면 우산과 삽이 필수다.

우산을 펼쳐놓고 볼일을 본 뒤, 사막 위에 남긴 흔적을 삽으로 지운다. 자연과 하나 되는 과정이었다.

씻는 것은 더 고역이었다.

베이스캠프에서 7시간 떨어진 호수에서 1톤짜리 이동식 물탱크 하나로, 탐사대와 촬영팀, 몽골지원팀까지 40여 명이 써야 했다.

머리 감는 것은 먼지를 씻어내는 수준이었고, 샤워는 꿈도 꿀 수 없었다.

그래도 좋았다.

1인용 텐트 안 침낭에 몸을 눕히고

쏟아지는 별들을 바라보는 것도

경이로운 경험이었다.

매일매일 우주의 에너지를 온몸으로 느꼈다.

하루를 마감하고 텐트에 누워 있으면,
1억 년 전으로 시간 여행을 떠나는 기분이었다.
이곳에 살았던 공룡들의 발자국 소리가 들리는 듯했다.

모래폭풍이 부는 날이면 텐트 안에 갇혀 있을 수밖에 없었다.
영화에서나 보던 모래폭풍이
유령처럼 사막을 휩쓸고 지나갈 때면,
거대한 자연의 힘 앞에서 경외감이 밀려왔다.

40일간의 고비사막 탐사 여행에서 한 차례 모래폭풍을 만났다.
모래바람이 멀리서부터 불어오는 게 보였다.
그냥 바람이 아니었다. 모래 알갱이를 잔뜩 품은 거센 돌풍이었다.
맹렬하게 휘몰아치는 바람으로 차량과 배낭, 촬영 장비까지 모래로 뒤덮였다.
텐트 안까지 모래가 스며들었다.
미세한 알갱이들이 어디든 파고드는 걸 실감했다.
모래폭풍 속에서 나는 깊은 두려움을 느꼈다.

단순한 자연재해에 대한 공포가 아니었다.
모든 것이 내 통제를 벗어났고,
방향 감각도, 시간 감각도,
심지어 내가 지금 어디에 서 있는지조차 알 수 없었다.

사막에서 지내면서 어느 정도 익숙해졌다고 생각했던 모든 감각이 한순간에 사라지는 압도적 경험이었다.

이런 날에도 고생물학자들은 평소처럼 조용히 각자의 일을 했다.
고비사막에서 40일 동안 고생물학자들과 함께 생활할 수 있었던 것은 내 인생의 가장 큰 행운이었다.

전 세계적으로 공룡을 전문으로 연구하는 학자는 극히 소수다.
2008년 한·몽골 국제 공룡탐사대에 참여한
7개국 13명의 공룡학자들은
공룡학계의 최고 권위자들이었다.
캐나다의 육식 공룡 연구 대가인 커리 박사는
티라노사우루스 연구로 전 세계 미디어에 노출된 스타 과학자였다.

탐사 범위가 워낙 넓다 보니 탐사 지역을 몇 군데로 나눠
한국팀, 캐나다팀, 미국팀 이런 식으로 팀별 탐사를 진행했다.
우리 촬영팀은 이융남 교수의 한국팀을 따라다니며
하루 종일 걷고 또 걸으며,
무한한 인내심으로 작은 뼛조각을 찾는 일을 지켜봤다.

식당 텐트는 탐사대 전체가 쓰는 공동 라운지였다.
탐사가 없는 날에는 이곳에 모여 공동으로 작업 중인 논문에

대해 토론하거나 각자 발견한 특이 화석 이야기를 나누며 늦은 시간까지 불을 밝혔다.

고비사막에서는 시간이 다르게 흘러갔다.
어제 같은 오늘이 반복되었지만
공룡 뼈를 찾고 연구하는 고생물학자들의 시간 감각은
일반인과는 달랐다. 그들은 느긋하고 끈질겼다.
그들에게는 일종의 시간 왜곡 현상이 있다는 생각이 들었다.

공룡을 탐사하고 발굴해서 논문으로 발표하는 데
짧게는 4~5년, 길게는 10년 이상이 걸린다.
그런데 이상하리만치 여유로웠다.
'오래된 연대(Deep Time)'*에 익숙한 그들은 몇 년의 연구
기간을 상대적으로 짧게 느끼는 것 같았다.
새로운 공룡을 발굴하겠다는 열정과 호기심,
또한 목표를 이루겠다는 강한 집념이 있었다.
이런 마음가짐이 시간을 상대적으로 빠르게 흘러가게 만들어
오랜 연구 과정을 견딜 수 있게 해주는 것 같았다.

40일간의 사막 생활은 나의 세계관을 완전히 바꿔놓았다.

---

* 수억 년에 걸친 지질학적 시간 개념으로, 인간의 경험 범위를 훨씬 뛰어넘는 시간적 규모를 뜻한다.

지구에서 태어난 존재라는 것 자체가 기적이었다.

그 거대한 침묵 속에서 느꼈던 경이로움을
여기 서울의 일상에서도 잊고 싶지 않다.

> 기자 노트

도쿄에서의
3년

글·이동애 기자

뜨거운 태양의 열기가 여전한 늦여름 오후였다.
점심을 먹고 도쿄 오다이바 쇼핑몰에 있는 스타벅스에 앉아
있었다.

세로로 긴 창문 앞에 놓인 1인용 의자에 앉아
레인보브리지와 도쿄만을 끼고
도심 깊숙이 들어와 있는 바다를 바라보고 있으면,
서서히 세상의 소음이 제거되고 나만의 세계가 펼쳐진다.

특파원 생활을 시작한 지 2개월 만에 내가 찾은 아지트였다.
보통 때와 다름없이 아이스 아메리카노 한 잔을 놓고,
여유를 즐기다 갑자기 몸이 붕 뜨는 느낌을 받았다.

마치 롤러코스트를 타는 것처럼 위아래로 출렁거리는 것 같았다.
스마트폰에서 일제히 경보음이 울렸다.
도쿄 생활에서 첫 번째 감지한 지진이었다.

그해 가을에는 일본 나가노현 온타케 화산이 갑자기 격렬하게
분화하기 시작했다.

크고 작은 암석들이 시속 700km로 쏟아져 내려,
운석 떨어지듯 산 정상 대피소를 덮쳤다.

가을 산행에 나선 주말 등산객들 수백 명이 다치거나 숨졌다.

급하게 취재 장비를 챙겨 온타케산으로 갔다.
등산로 출입구는 모두 입산 통제 상태였다.
구급차와 구급 대원들이 분주하게 오가고,
추가 분화 가능성도 커서 현장은 긴박했다.

몇 달 뒤에는 우리나라 관광객들이 많이 찾는
구마모토현 아소산이 분화를 시작해, 상공 1000m까지
화산재가 치솟았다.
어느 날 새벽에는 또 다른 지진이 찾아왔다.
삐걱거리는 소리에 눈을 떴다.

거실과 작은 방 사이에 나무로 된 미닫이문이 기분 나쁜 소리를 내더니, 싱크대 수납장에서 그릇이 흔들리는 소리가 들렸다.

마룻바닥을 통해 땅이 좌우로 흔들리고 있는 게 느껴졌다.

땅이 갈라질 것 같은 공포심에 벌떡 일어났다.
TV를 켜니, NHK가 뉴스 속보를 내보내고 있었다.
이번에는 동일본 대지진이 강타했던
도호쿠 지역에 규모 6.6의 강진이 발생했다.
진앙지는 이와테현 내륙 깊이 50km 지점이었다.
도쿄에는 미세한 흔들림만 감지됐다고 하는데,
개인적 기억은 그 이상이었다.
시도 때도 없이 땅이 흔들린다는 느낌은 꽤 충격적이었다.

때때로 우리나라 관광객들이 많이 가는 하코네산 분화 조짐에 대피 지시가 내려지기도 하고, 일본열도 남쪽 어딘가에서 화산이 느닷없이 용암을 분출하기도 했다.

구마모토현 6.5 강진 때는 사상자가 1000명을 넘어가 일본 열도가 큰 슬픔에 잠겼다.

어느 날 사무실에 앉아 있는데 갑자기 바닥이 흔들리는 느낌이 들었다. 지진은 아니었다. 잦은 지진으로 어지럽다고 착각한 '지진 멀미'였다.

도쿄 특파원으로서 내 첫 번째 리포트는
일본열도를 훑고 지나간 태풍 '할롱'의 피해 상황이었고,
3년 임기 중 마지막 현장 취재는 후쿠시마 원전 사고 르포였다.
방호복을 입고, 개인 방사선량계를 손목에 차고, 통제구역으로
들어갔다. 수소 폭발을 일으켰던 1, 3, 4호기 인근을 지날 때면
방사선량계에서 날카로운 경고음이 울렸다.

일본에서는 한 해 평균 2000번의 지진이 발생한다.
사람이 감지할 정도의 큰 지진은 아니더라도 지구 표면의
여러 개의 판이 끊임없이 움직이고, 부딪치면서
바다 위에 떠 있는 섬 일본을 흔들고 있다.

재난 재해가 끊이지 않았던 3년이었다.
그 사이 역사에 남을 굵직한 사건들도 많았다.
이제는 고인이 된 아베 총리는
연이은 선거 승리를 기반으로 법을 바꿔,
전쟁이 가능한 국가로 방향을 전환했다.
외교적으로는 한일 국교 정상화 50주년을 맞아
일본군 위안부 문제를 한국 정부와 합의했다.

엔화 가치를 낮춰 수출 경쟁력을 높이는 아베노믹스가
시동을 걸던 때이기도 했다.
역사적 사건을 누구보다 가까이 보면서 기록하는 일,
기자로서 가슴 벅찬 순간도 많았다.

특파원으로서 모든 업무를 끝내고 도쿄를 떠나오던 날
하네다 공항에서 느낀 감정이 아직도 생생하다.
정들었던 사람들과 헤어지는 아쉬움보다 이상하리만치
홀가분함을 느꼈다.
무사히 돌아간다는 안도감,
더 이상 흔들리는 땅 위에 서 있지 않아도 된다는 해방감이 컸다.
아무 일도 일어나지 않는 날이 가장 행복하다는 말의 의미를
도쿄에서의 3년, 흔들리는 땅 위에서 비로소 알았다.

수많은 예측 시스템을 동원해도, 대자연이 갑자기 하는 일에
인간은 속수무책일 때가 많다. 평범한 하루가 이렇게 감사할 수
있다니…….

반면, 이방인의 눈에 세계에서 지진 활동이 가장 활발한 나라 중
한 곳에 사는 일본인들은 이상하리만치 담담했다.
내가 만난 일본인들은 지진이 어쩌다 일어나는 일이 아니라,
언제 어느 때 일어나도 이상하지 않은 '어쩔 수 없는 일'이라고

받아들였다.
그래서인지 불평, 불만이나 분노를 쏟아내기보다는
어떻게 대비할 수 있는지에 집중했다.
집과 사무실에는 비상식량과 안전모를 구입해 두고,
큰 가구들은 쓰러지지 않도록 안전장치를 해두었다.

후지산 대폭발에 대비한 재난 훈련을 취재한 적이 있다.
가장 낮은 고도에서 터졌을 때 용암이 가까운 마을에 도착하는 데 걸리는 시간은 19시간이다.
하루가 채 안 되는 시간 안에
후지산 인근 가나가와, 시즈오카, 야마나시현 주민 75만 명이
대피할 수 있는지 점검하는 훈련이었다.
후지산에서 가장 가까운 마을 주민은 단체로 자위대 트럭과 버스로 이동하고, 용암이 흘러내릴 경우 도로 보수 공사는 원격 조종이 가능한 무인 포클레인을 활용했다. 수직 이착륙이 가능한 오스프리*가 부상자들의 수송을 맡았다.

상상할 수 있는 어떤 재난도 일어날 수 있다는 시각을 가지고,
진지하게 대비하는 과정을 보니 이런 훈련이 불안감을 줄이고,
심리적 안정을 줄 수 있겠구나 싶었다.

---

* 헬리콥터처럼 수직으로 뜨고 내리면서도 비행기처럼 빠른 속도로 비행할 수 있는 특수 항공기.

무엇보다 재해가 발생했을 때 개인적 고통에만 머물지 않고
공동체가 함께 견뎌내며 극복해나가는 모습이 인상적이었다.
위기 앞에서 보여준 이들의 침착함과 연대가,
흔들리는 땅에서 배운 가장 큰 교훈이었다.

4부

롤모델에게서
배우는

                    삶의
                    지혜

> 회사 인간으로서 가슴에 품어야 할 것은
> 사직서가 아니라,
> 내 인생의
> 가치 있는 일을 찾아가는
> 추구미다.

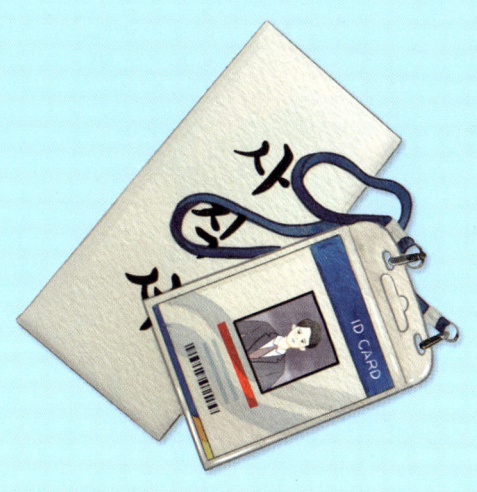

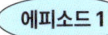
에피소드 1

발자크처럼
살아보기

누구나 살다 보면 슬럼프를 겪게 마련이다.
나도 깊은 슬럼프에 빠진 적이 있다.
회사 내 조직의 문제에서 비롯된 것이었지만
'인생이 뜻대로 안 될 때 어떻게 대처해야 하는지'
지혜가 부족했던 터라
자괴감과 실망감으로 일상생활이 엉망이 되었다.

이런 부정적인 감정으로부터 벗어나는 수단으로 공부를 선택했다.
대학원에 진학하고, 내 인생에서 가장 많은 독서를 하며,
삶에 대한 통제력을 회복하기 위해 애썼다.

그러던 중 우연히 슈테판 츠바이크의 『발자크 평전』을 접하게 되었다.

프랑스의 위대한 작가 오노레 드 발자크의 삶과 작품을
심도 있게 다룬 책이었다.

글·이동희 PD

발자크는 『고리오 영감』으로 우리나라에도 잘 알려진 작가로
70여 편의 장편소설에다 단편소설, 희곡, 수많은 콩트까지 남겼다.
보통 작가의 10배가 넘는 90편 이상의 방대한 작품을 통해
프랑스 사회의 다양한 측면을 세밀하게 관찰하고 사실적으로
묘사했다.

이 책에서 특히 인상적인 부분은 그의 작업 방식이었다.
그토록 많은 작품을 쓸 수 있었던 비결은
글 쓰는 시간을 정해놓고 그것을 반드시 지키는 것이었다.
발자크는 사람들이 잠든 밤을 선택했고,
그 시간 동안 글을 쓰는 데 집중했다.

그의 하루 일과는 놀랄 정도로 엄격했다.
자정부터 아침 8시까지 집필에 몰두한 후, 한 시간 정도
휴식을 취하고,
그다음 오후 5시까지 퇴고 작업에 전념했다.

저녁 시간에 가끔 외출을 하기도 했지만,
대부분은 다음 작품 구상에 시간을 할애했다.
그리고 저녁 8시에 취침하여 밤 12시에 다시 일어나서 글을 썼다.
이 특이한 생활 패턴을 평생 유지했다고 한다.

발자크의 삶은 말 그대로 글쓰기에 미친 삶이었다.
이러한 지독한 노력이 있었기에 그토록 많은 걸작을 남길 수 있었다.

슈테판 츠바이크가 집필한 『발자크 평전』을 보면
발자크의 하루는 이렇게 묘사되어 있다.

"한밤중에 일어나 여섯 자루의 촛불을 켜고 써 내려가기 시작한다. 시작이 반. 눈이 침침해지고 손이 움직이지 않을 때까지 멈추지 않는다. 4시간에서 6시간 정도가 훌쩍 지나간다. 체력에 한계가 온다. 그러면 의자에서 일어나 커피를 탄다.
하지만 실은 이 한 잔도 계속 글쓰기에 박차를 가하기 위함이다.
아침 8시에 간단한 식사. 곧 다시 써 내려간다. 점심시간 때까지.
식사, 커피. 1시부터 6시까지 또 쓴다. 또 커피."

발자크는 컨디션이 좋지 않을 때는 하루 최소 9시간,
평소에는 보통 14시간씩 글을 썼다.

그는 책상에 앉아 끊임없이 집필했고, 집중력을 유지하기 위해 많은 양의 커피를 마셨다.
치열한 집필 습관 때문에 '문학 노동자'라는 별명이 붙었고,
그의 작업실은 '글 공장'으로 불렸다.

남다르고 탁월한 사람들의 비밀은
바로 자신만의 시간과 공간을 확보하고 있다는 점이다.
발자크의 삶은 평범한 일반인의 삶과는 확연히 달랐다.
슈테판 츠바이크는 발자크의 노동에 대한 찬사를 이렇게 써내려 갔다.

"발자크의 달력은 자기 시대와 같았던 적이 없었다.
다른 사람들에게 낮이었던 시간은 그에게 밤이었고,
다른 사람들에게 밤이었던 시간이 그에게 낮이었다.
일상적인 세계가 아니라 스스로 만들어낸 자신만의 세계에
바로 그의 진짜 존재가 있었다."

인생이 생각처럼 되지 않아 막막할 때가 있다.
슬럼프에 빠져 헤어 나오기가 힘든 순간도 있고,
이런저런 이유로 지금과 다른 삶을 살고 싶을 때도 있다.
그럴 때는 우리 일상에 깊이 박힌 관성의 법칙을 깨는 것이
필요하다.

물론 이것이 생각보다 쉽지 않다.
관성에서 벗어나려면 강력하고 지속적인 외부의 힘이 필요하다.
흥미로운 건 물체의 질량이 클수록 더 큰 힘이 필요하다는 거다.
삶에 비유하면 오래된 습관일수록 바꾸기 어렵다는 뜻이다.

게다가 일시적인 힘으로는 관성을 완전히 극복하기 어렵다.
'지속적인' 힘의 작용이 필요하다.
변화를 만들어내려면 '강력한 의지'와
'지속적인 노력'이라는 부스터가 있어야 한다.

'발자크처럼 살아보기.'
자신만의 시공간을 창조하고, 스스로 정한 한계를 뛰어넘어
보는 것이다.
마치 새로운 세계로 나아가는 모험을 시작하는 것처럼
이런 도전적인 삶의 방식을 추구하다 보면
어느 순간 발자크처럼 특별한 삶을 살고 있는 자신을 발견하게 될
것이다.

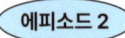 에피소드 2

100년을
산다는 것

옛날에는 환갑을 넘기면 장수한다고 했다.
대학교 3학년 때 아버지가 예순셋의 나이에 돌아가셨다.
자식 셋 모두 결혼도 안 했던 터라
조문객들은 "일흔까지만 사셨더라면 좋았을 텐데"라며 애도했다.

요즘 회사 게시판에 올라오는 부고를 보면
모친상, 부친상의 경우 90세 이상 연령대가 상당히 많다.
2023년 기준 한국인의 평균수명은 남자 80.6세, 여성은 86.4세다.
체감적으로는 90세를 훌쩍 넘겨 조만간 100세에 다다를 것 같다.

100세라…….
한 세기가 바뀔 때까지 사는 거다.

성인으로 인정되는 20세를 기준으로 80년을 더 살아가야 된다.
의학의 눈부신 발전이 인간의 수명을 계속 늘리고 있으니
'생명과 내가 경주하는 느낌'이랄까,
'얼마나 더 달리며 살아가야 하나'
막연한 두려움이 들기도 한다.

100세 수명에 60세 은퇴는 뭔가 허전하다.
경제적인 이유뿐 아니라 직업적인 만족을 위해서도
더 긴 계획이 필요하다.

100년을 살아낸다는 것은 어떤 느낌일까.
100세가 되어서도 지금처럼 두근두근하는 마음으로 살아가는 것이 가능할까.

과학자들이 제시하는 장수의 비결을 보면
건강한 생활 패턴을 유지하는 것 외에도
삶의 가치나 변화에 적응하는 능력과 같은
정신적인 건강함도 아주 중요한 요소라고 한다.

'삶의 목표를 가지는 것'
'유머 감각을 유지하는 것'
'사랑, 우정, 종교와 같은 인간의 기본 가치를 소중하게 생각하

는 것'
그리고 '노화를 긍정적으로 생각하는 믿음을 갖는 것'.
이런 보편적이면서 기본에 충실한 원칙들이
강력한 수명 연장의 효과를 준다고 한다.

실제 연구 결과,
100세 이상 어른들이 '장수의 비결'로 꼽은 공통적인 요소는
'강력한 공동체 의식과 지원 시스템'이었다고 한다.

고립되지 않고 정서적으로 편안한 사람들에
둘러싸여 교류하는 것,
그것이 가족일 수도 있고 종교 집단 혹은 지역 공동체일 수도 있다.
아무튼 자신을 아끼는 사람들에게 둘러싸여 있고
스스로 소중하게 생각하는 공동체에 연결되어 있는 것이
장수의 핵심 비결이라는 것이다.

코로나19 팬데믹 이후 사회적 관계가 파편화되고
개인화되어가는 양상이 더욱더 뚜렷해졌다.
혼밥에 혼술에 1인 가구가 보편화되고 있다.
인간의 수명은 100세를 달려가고 있는데
실제 우리의 삶은 건강하게 살 수 있는 요건에서
점점 멀어지고 있다.

100세가 된 어느 날 아침,
'설레고 두근대는 마음'으로 일어나 하루를 시작할 수 있다면
진정 행복한 인생이 아닐까?

일본 수묵화의 대가인 시노다 도코(1913~2021년)는
100세를 넘긴 2014년에 발간한 『백세의 힘』이라는 책으로
베스트셀러 작가가 되었다. 그녀가 터득한 '혼자서도 인생을
즐기는 데 필요한 5가지 비결'은 무엇일까.

"참지 않고, 기대지 않고, 거스르지 않고, 나이를 생각하지 않고,
예정을 만들지 않는다."

2021년까지 현역 미술가로 활동했던 그녀는 100세가 되고 나니
누구와 대립하는 일이 없다고 했다.

"100세는 이 세상의 치외 법권이다……. 100세가 넘은 내게 관혼
상제를 챙기지 않았다고 해도 비난하지 않는다."

그녀는 100년을 살며
'살아 있는 한 인생은 미완성'이라는 깨달음을 얻었다.
죽음에 대한 공포를 극복하는 방법도 간단했다.
"죽음에 대한 생각을 멈추고 현재를 사는 것이다."

연세대 철학과 김형석 명예교수는 2025년
106세를 맞아 『행복은 인격만큼 누린다』라는 잠언집을 냈다

한 해 전인 105세에는 『김형석, 백년의 지혜』와 『백세 철학자의
사랑수업』을 썼다.

맞다.
가보지 않은 길을 가는 건 한 살이나 백 살이나 마찬가지다.
100세에 '이제 내 인생은 완성됐어'라고 생각했다면
누구도 책을 쓸 생각을 하지 않았을 것이다.

죽음을 생각하지 말고 현재를 살아야 가능한 일이다.
모든 사람이 태어나면서부터
죽음에 이르는 길로 달려가고 있다.
그래서 평생 무언가를 이루려고 한다.
완벽하고자 애쓴다.
그런데 살아 있는 한,
'우리는 미완성'이라는 말이 위로가 된다.

책을 덮으며 나에게 질문한다.

"나의 삶은 미완성인가?"

"그렇다."

축하할 일이다.
미완성 속에서 가능성을 추구하는 삶.
남은 날들을 기대하게 한다.

{에피소드 3}

이나가키 에미코처럼
살아보기

"혹시 롤모델이 있다면 말씀해주시겠습니까?"

대학원 입학전형 면접 시간에 이런 질문을 받았다.
그때 나는 40대 중반이었다.
롤모델이 되어야 할 나이에 이런 질문이 '좀 생뚱맞은 것 같아'
망설이는 사이, 면접관은 꼭 답을 들어야겠는지,

"어머니, 아버지도 있잖아요. 편하게 말씀하시죠."

또 한 번 묻는다.

'어머니 아버지라니, 부모님과는 다르게 살아야겠다고 노력한 시간이

얼마인데……'

고민이 길어지려는 찰나, 다음 질문이 이어지면서

대화는 이렇게 끝이 났다.

생각해보니 롤모델을 굳이 떠올리며 살아본 적이 없었다.

예전의 나는 겁이 없었고, 무모했다.

그래서 시행착오도 많이 겪고 실수도 많이 했다.

그렇다고 그 시간이 후회스럽거나 아쉬운 건 아니다.

경험해본 건 뭐가 됐든 모두 DNA에 각인됐으니

'괜찮다' 생각하고 지내왔다.

'일단 해보자'는 게 삶의 태도라 굳이 롤모델이 필요하지 않았다.

회사 생활을 하면서 커리어가 정점으로 향해가니

점점 더 롤모델이 필요해졌다.

정상에 올라가는 일도 힘겹지만

내려오는 건 더 복잡하다.

시행착오가 허용되지 않는 상황이다.

미리 연습하는 수밖에 없다.

이것이 지금 롤모델을 찾고 있는 이유다.

글·이동희 PD

요즘은 일본 아사히신문 기자 출신 이나가키 에미코라는
여성 작가의 삶을 눈여겨보고 있다.
쉰 살에 기자 생활을 그만두면서 『퇴사하겠습니다』라는 책을
써서 '퇴사 열풍'을 일으킨 당사자다.
퇴사 이후 그녀의 행보는 여러모로 시사하는 바가 크다.

이나가키 에미코는
돈보다는 시간과 자유를 더 원하는 자신을 발견한 뒤 퇴사를
결심했다. 돈이 없어도 행복한 라이프스타일 확립을 목표로
몇 년 동안 찬찬히 준비했다.

그녀의 퇴사 준비 과정은 독특했다.
'더하기'가 아닌 '빼기'에 초점을 맞췄다.
퇴직 이후의 생활비를 마련하기 위해 저축을 늘린다든가,
창업 준비를 위해 무엇을 배우는 '더하는 게' 일반적인데
그녀는 '빼면서' 퇴사 준비를 했다.

우선 경제적, 정신적으로 회사 의존도를 낮추는 훈련을 했다.
회사가 주는 가장 큰 보상인 돈과 인사에 연연해하지 않기로
결심했다.
한마디로 경쟁에서 이겨 잘나가보겠다는 생각을 그만둔 것이다.
관계의 끊김도 두려워하지 말자고 다짐했다.

자기 안에 있는 회사 의존도의 핵심을 '돈'과 '관계'로 보고,
이런 생각을 멈추고 언제 떠나도 괜찮다는 마음 상태로 전환했다.

"자기가 만족할 수 있는 일과 돈을 많이 쓰는 일은
별로 관계가 없어요.
그걸 꿰뚫어보고 알아차리는 것이
회사를 언제든지 그만둘 수 있는 나로 만드는
첫걸음이라고 생각해요.
돈이 없어도 된다는 생각을 하고 나니
회사에만 의지하고 있는 모습이 점점 없어졌어요······.
회사는 나를 만들어가는 곳이지
내가 의존해가는 곳이 아닙니다."

_SBS 스페셜 '퇴사하겠습니다' 2017년 6월 11일 방송 인터뷰

일상생활에서 '빼기'는 더 극적이었다.
월세를 줄이기 위해 저렴한 집으로 이사한 후,
가전제품 버리기, 전기 없이 살아보기 같은
극단적인 미니멀 라이프를 실행했다.
필수라고 여겨왔던 가전제품을 버리니
가사 노동 시간이 완전히 줄었다고 한다.
이 과정을 통해 먹고사는 데 필요한 것은

극히 적다는 사실을 깨달았고,
돈과 관련된 불안이 사라지며 해방감이 느껴졌다고 한다.

"물건이 많아지면 할 수 있는 일들도 많아지지만, 해야 할 일 또한 많아집니다."

강남 집과 명품 백에 승차감보다 하차감 좋은 차…….
이런 성취 지향적이고 과시형의 자기만족적인 삶도 좋다.
그런데 인생이 원하는 대로만 되지 않는다는 것을
깨닫는 나이가 온다.
그때가 되면 이런 삶의 주인으로 사는 게 버거워지기도 한다.

현재의 지위와 소유한 것을 지키기 위해 안간힘을 쓰는 대신,
다른 선택을 해보고 싶다.
이나가키 에미코처럼 덜어내고 줄이면서
오히려 자유를 찾아가는 삶 말이다.
그녀가 선택한 검소한 라이프스타일을
우리의 플랜 B로 설정해보는 건 어떨까?

재미있는 것은 이나가키 에미코가 퇴사 후 더 큰 성공을 거뒀다는 사실이다.
『퇴사하겠습니다』는 일본과 한국에서 베스트셀러가 되었다.

그리고 『생활은 계속된다』, 『먹고산다는 것에 대하여』, 『피아노 치는 할머니가 될래』 등 여러 권의 책을 펴내며 새로운 삶의 가능성을 보여주는 롤모델이 되었다.

이런 형태의 성공 방식도 충분히 매력적이지 않은가?
진정한 성공이란 남들이 정해놓은 기준이 아니라,
자신만의 가치를 발견하고 그것을 실현할 때 찾아오는 것일지도 모른다.

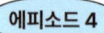
에피소드 4

전성기는
어떻게 찾아오는가

"저는 경쟁이 아니라고 생각합니다.
우리는 서로 다른 역할을 했고, 다만 내가 조금 더 운이 좋았을 뿐이에요."

영화 〈미나리〉로 2021년 아카데미 시상식에서
여우조연상을 받은 배우 윤여정 씨가
당시 수상 소감을 발표한 자리에서,
함께 후보에 올랐던 여배우들을 향해 한 말이다.

그녀에게 나이는 핸디캡이 아니었다.
그녀의 시간은 자산이었다.
시간은 그녀에게 우아함과 당당함과 깊이 있는 연기를 선물했다.

나이가 주는 심리적 자유로움이 한껏 드러나는 인터뷰였다.
긴 세월 꾸준히 연기해오며
이미 전성기를 지난 듯했던 여배우가 73세에
화려한 스포트라이트를 받는 모습을 보며, 문득 궁금해졌다.

사람의 전성기는 언제 어떻게 오는 걸까?

늦은 나이의 전성기를 맞이하는 사람들 인터뷰를 보면 대부분
"운이 좋아서"라고 말한다.
그런데 이것이 단순히 운의 결과물일까?
그렇지 않다.
전성기는 그동안 집중해서 쌓아온 시간과 삶이 만들어낸
아름다운 상승 국면이다.

20~30대 후배들을 만나면
"뭔가에 실패했다"거나 "아직 때가 안 돼서……"라는 말을 많이
듣는다.
하지만 '제때가 언제인지, 그때를 또 어떻게 알 수 있는 것인지?'
정답은 애초에 없다.

"선배님, 지금 해서 될까요?"
"언제쯤 돈 모으고 집 살 수 있을까요?"

"저는 언제 성공할 수 있을까요?"

질문 속에 조급함이 느껴진다.
빨리 성공해야 한다는 생각이 강하다.
이런 성공 강박은 광범위하게 목격된다.

그런데 모든 경험은 자산이다.
경험 없이 성공하는 것은 가상 세계에서 게임하는 것과 같다.
조급함에는 경험에 대한 예의가 없다.
중요한 것은 때를 기다릴 줄 아는 태도다.

우주의 질서는 생각보다 사람들에게 공평한 기회를 제공한다.
오늘 하루만 보면, 놓쳐서 아쉬웠던 일들,
남들에게 양보한 것 같아 손해라고 느꼈던 일들이
한 달, 또는 1년 뒤에 좋은 관계나 새로운 기회로 돌아올 때가
종종 있다. 이런 경험을 하다 보면
세상에 대한 막연한 불만이나 부정적인 감정이 자연스럽게 사라진다.

나의 역량과 노력, 좋은 동료들과의 협업
그리고 의미 있는 프로젝트를 만나 시너지를 낼 때,
비로소 우리는 '제때'를 만날 수 있다.

여기에는 지금까지 쌓아온 모든 경험이 바탕이 된다.
실패했다고 생각했던 순간들,
돌아간 것 같았던 길들,
때로는 무의미해 보였던 시간들까지도
모두 이 순간을 위한 밑거름이었던 것이다.

이럴 때는 아무도 가지 않은 길도 두렵지 않고,
마치 북극점을 앞에 둔 듯 거침없이 나아갈 수 있다.
우리의 잠재력이 최대로 발휘되는 이 순간이
바로 우리가 기다려온 전성기의 시작점일 것이다.

전성기는 오랜 시간 축적의 과정을 반복하다,
어느 순간에 질적 전환이 일어나며 느닷없이 오게 될 것이다.
그러니, 기다리지 말고
매 순간 즐기며 우리 삶을 아끼다 보면
어느 날 불꽃놀이같이 팡팡 터지는 전성기의 순간을 맞이하게 될 것이다.

산티아고 순례길을 걸으며
깨달음을 얻고 작가가 된 파울로 코엘료.
그는 40대에 『연금술사』를 발표한 이후,
『알레프』, 『마법의 순간』, 『불륜』, 『스파이』, 『히피』 등 다양한 작품들을 쉼 없이 쓰고 있다.

60대에 소설『그 많던 싱아는 누가 다 먹었을까』를 발표한
한국 문학계의 큰 별 박완서 작가는
70대에도『그리움을 위하여』,『친절한 복희씨』등 작품을 꾸준히
출간했다.

러시아의 대문호 톨스토이는 70대에 장편소설『부활』을 썼고,
독일 문학의 거장 괴테는 80대에 자신의 대표작『파우스트』를
완성했다.

인상주의 화가 모네는 80대까지 다양한 계절, 빛에 따라 시시각각
변하는 수련 모습을 화폭에 담았다.

언제가 전성기인가?
어쩌면 지나고서야 알게 될지도 모른다.

나에게는 아직 전성기가 오지 않은 것 같다.
하지만 그것을 기다리지는 않을 것이다.
오늘의 삶이 내 전성기를 만들어가고 있기 때문이다.
전성기는 정해진 시기가 아니라 준비된 자에게 오는 순간이다.

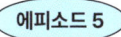 에피소드 5

'작아도 진정한 내 일'을 찾는 법

몇 해 전, 빵 만드는 일에 도전해봤다.

혹시나 직장을 그만두게 되면

창업을 해볼까 하는 막연한 생각에서 시작했다.

서초동에 있는 베이커리 학원에서 수업을 들었다.

빵을 반죽하고, 모양을 만들고, 발효시킨 뒤, 굽는 과정을 반복했다.

빵을 반죽하는 건 손목과 어깨를 많이 쓰는 중노동이었다.

손재주가 없는 탓에 모양을 잡느라

반죽을 여러 번 만지자 빵 표면이 거칠어져 제대로 된 빵을 만들기 어려웠다.

그래도 빵을 굽는 과정은 너무나 좋았다.

빵이 익기를 기다리는 시간이 제일 흐뭇했다.
반죽 모양이 아무리 어설퍼도 좋은 레시피로 구운 빵은 늘 맛있었다.
오븐을 뚫고 나오는 빵 향기는 고된 노동을 잊게 만들었다.

12주간의 베이커리 과정을 마치면서
나는 빵을 만드는 일에는 흥미가 없다는 것을 깨달았다.

회사를 다니지 않는다면
무엇을 할 수 있을까라는 질문을 가끔 던져본다.

일본에는 한 가지 일을 깊게 파서 장인이 된 사람들의 얘기가 꽤 있다.
『시골 빵집에서 자본론을 굽다』의 저자 와타나베 이타루 씨도 그중 한 명이다. 와타나베 씨는 집요하게 자신에게 묻고 또 물었다.

"진정한 나의 일은 무엇일까?"

글·이동애 기자

2008년 37세의 와타나베 이타루 씨는 유기농 농산물 도매회사에 다니고 있었다.
아무리 열심히 일해도 직장인으로서는 돈을 벌기 어려운 현실을 경험하면서 자본가에게만 이익이 되는 착취의 세계에서 벗어나 '작아도 진정한 자기 일'을 하겠다고 결심하고 회사를 나왔다.

그가 선택한 '진정한 내 일'은 빵 만드는 일이었다.
제빵 공부를 시작하면서 빵 발효에 인생을 건 도전을 시작했다.
반죽을 맛있게 발효시키는 천연 균을 찾아 헤매다가,
운명처럼 만난 어느 시골 마을에서 빵집을 열었다.

발효균과 유해 균을 구분하기 위해,
각종 곰팡이를 직접 확인하면서 유해 균의 살기를 온몸으로 느끼기도 하고, 음식을 맛있게 숙성시켜줄 발효균의 따뜻한 온기를 미각으로 느끼기도 했다.

와타나베 씨의 치열한 문제의식과 목표 의식은
빵집의 독특한 경영 철학으로 탄생했다.

"이윤을 내지 않겠다는 것은
그 누구도 착취하지 않겠다는 의미,
즉 그 누구에게도 상처를 주지 않겠다는 의미다.
우리는 종업원, 생산자, 자연, 소비자 그 누구도 착취하지 않을 것이다. 그러기 위해 돈이 필요한 곳에 필요한 만큼 올바르게 쓰고, 상품을 정당하게 '비싼' 가격에 팔 것이다."

정당한 가격에 빵을 팔고 1년에 한 달을 쉬는 빵집.
밀가루부터 발효까지, 빵이 만들어지는 모든 과정을
탐구하는 그에게서 우직하게 자기 일을 찾아가는 방법을 배웠다.

주위를 둘러보면
자영업의 세계에 뛰어드는 사람들이 많다.
대도시뿐 아니라, 조그만 바닷가 시골 마을 빈집들이
베이커리나 카페로 변신하는 경우를 많이 본다.

대학 동기가 마흔이 넘어 서점을 연다고 했을 때 놀랐다.
대학 때부터 글 잘 쓰기로 유명했던 그녀는
방송 작가로서도 꽤 이름이 알려져 있다.
글만 쓸 줄 알았던 그녀가 대체 무슨 일이 있었길래 이런 결정을
한 걸까 궁금했다.

서점을 열기 전 그녀에게 조심스럽게 물어봤다.

"방송일 잘하고 있는 것 같은데 웬 서점이야~
서점 운영은 사업의 영역인데 무슨 계기가 있었니?"

"방송 열심히 해서 청취율을 올려놓아도
결국 내 것은 아니더라고. PD가 바뀌고 서로 마음이 안 맞으면

떠나는 쪽은 내가 되기 마련이니까.
누구도 대체하지 못하는 나만의 영역을 만들고 싶다, 이런 생각을 하게 됐지."

서점은 그녀의 애정을 듬뿍 받으며 개성 있는 큐레이션과
작가다운 감성이 담긴 공간으로 자리 잡았다.

그때가 처음이었던 것 같다.
진정한 자기 일을 찾고 싶다는 욕구가 사람마다
이렇게 다른 모습으로 나타날 수 있다는 것을 안 것은.
그녀의 이야기를 들으며 나 자신을 돌아보게 됐다.

나는 어떨까?
회사 인간으로 살아온 시간이 길고,
출퇴근 쳇바퀴가 죽도록 싫은 건 아니며,
때때로 도전적인 회사 업무가 즐겁기도 하다.
하지만, 내가 가치 있다고 생각하는 일들을 회사에서 실현할 수 없다면
나 역시 떠나야 할 때가 올 것이다.
그 순간이 언제인지는 모르겠지만 말이다.

내가 확인한 것은

막연한 호기심과 실제 적성은 다르다는 것이었다.
다만 그 과정에서 내가 진짜 좋아하는 순간들을
발견할 수 있었다.
회사 인간으로서 가슴에 품어야 할 것은 사직서가 아니라,
내 인생의 가치 있는 일을 찾아가는 추구미*다.
나만의 '빵 굽는 시간'이 무엇인지 찾아보는 것이다.

---

* '추구하다'의 추구(追求)에 아름다울 미(美)자를 더해서 나만이 갖고 있는 개성과 스타일을 추구해 표현한다는 뜻.

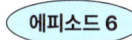

자기만의
문장 만들기

디지털 콘텐츠 제작 관리를 할 때,
다양한 업무 경험을 가진 후배들을 만났다.
디지털 콘텐츠 제작과 편집 파트에
프리랜서들이 많았는데, 직업 안정성이 떨어져서 그런지
아르바이트나 투잡을 하는 경우가 많았다.

얼마 전 회사 후배가 이런 말을 했다.

"선배님, 저 요즘 너무 헷갈려요.
유튜브 개인 채널로 돈 버는 친구도 있고,
동기 중 한 명은 부업으로 온라인 쇼핑몰도 하는데,
저는 회사 일만 하고 있어도 되는 건가요?

뭔가 남들 다 하는 걸 저만 안 하는 것 같아서 불안해요."

이 말을 듣고 생각해봤다.
진짜 문제는 '남들이 하는 걸 나도 해야 하나?'라고
묻는 조바심인 것 같았다.

글 • 이동애 기자

하고 싶은 일을 해야 성공할 가능성이 높다.
그것을 찾는 것이 우선이다.
좋아하는 일을 찾았다고 끝이 아니다.
함정이 하나 더 있다.
'이제 내가 좋아하는 일을 찾았으니 반드시 성공할 거야.'
이런 생각으로 시작하면 100% 좌절한다.

막상 좋아하는 일을 시작했는데
통장 잔고는 줄어들고, 주변의 시선은 차갑다.
결과에 목매달면서 과정의 즐거움도 사라진다.
'역시 현실은 다르구나' 하며 포기하는 악순환에 빠진다.

송길영 작가는 데이터 사이언스를 통해 다양한 사회 현상을 통찰력 있게 분석하는 일을 업으로 삼았다.
그는 '자기만의 문장'을 만들라고 말한다.
정해진 루트를 따라가는 것을 하기만 하면 됐던 과거와 달리
지금은 전문화된 지식과 경험이 존중받는 시대가 되었다.

'자신만의 문장'은 일에 대한 자신의 철학이나 가치에
기반을 두고 있기 때문에 쉽게 흔들리지 않는다.
'자기만의 문장'은 소설가 하루키의 "나는 소설가다",
혹은 스티브 잡스의 "계속 갈망하라, 계속 우직하게(Stay hungry, stay foolish)"와 같이 자신의 정체성을 드러내는 문장일 수도 있고,
오랫동안 안경 렌즈 만드는 일을 하면서 철학을 탐구했던
스피노자처럼 일관된 삶의 방향일 수도 있다.

새뮤얼 스마일스의 『자조론』에는 자기만의 문장을 찾은 사람들의 사례가 나온다.

"천문학자 윌리엄 허셜은 오보에 연주자로 생계를 이어가며
망원경을 만들어 태양계의 제7 행성 천왕성을 발견했다.
문학자 카프카는 14년 동안 보험국에서 일했고,
영국 시의 아버지로 인정되는 초서는 세관의 관리였다."

이들은 모두 자기만의 문장을 찾은 사람들이다.

이처럼 한 분야에서 뚜렷한 발자취를 남긴 사람들조차도
자신의 본질과 삶의 목표를 찾는 데 오랜 시간이 걸렸다.
'자기만의 문장'을 찾기 위해서는
자신을 잘 알아야 한다.
무엇을 하면 행복한지, 어떤 일에 가슴 뛰는지
스스로에게 집중해야 한다.

심리학에서는 사람들이 자신에 대해
여러 가지 서로 다른 관점을 가지고 있다고 본다.

'실제의 나'
'내가 생각하는 나'
'다른 사람들이 생각하는 나'.

이 세 개의 자아상이 일치할 때 사회생활을 잘할 수 있다.
성공한 사람은 대체로 그런 특성을 보인다고 한다.

'나는 누구이고, 무엇을 위해 살아가는가?'
이 질문을 지속하는 과정 자체가
자기만의 문장을 만들어가는 여정이다.
지금 당장 완벽한 문장을 가질 필요는 없다.
중요한 것은 계속 질문하고 탐구하는 것이다.

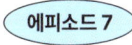

딴짓도 멈추지 말아야
기회가 온다

회사 일을 하면서

방송인 노홍철 씨를 만난 적이 있다.

그가 애완동물로 당나귀를 키워서 화제가 된 시기였다.

짧은 시간 만났지만, 하고 싶은 일이 생기면

'일단 하고 보는' 최강의 실행력을 가진 사람이라는 것을 금방 알 수 있었다.

그는 라디오 DJ를 할 때 '당나귀를 키우는 청취자 사연'을 듣고

호기심에 보러 갔다가 당나귀를 입양했다.

또한 지적 호기심도 엄청 나서, 카이스트 교수들의 학회 일정에 동행한 적도 있다고 했다.

아무튼 예의 바르고, 긍정적인 에너지가 넘치는 유쾌한 인터뷰 상대였다.

언젠가 유튜브에 '카이스트 MT 가서 노는 방법 알려주고 페이 받은 썰'이라는 썸네일이 보이길래 클릭해서 들어가봤다.
노홍철 씨 개인 유튜브 채널이었다.

그는 학창 시절 공부를 해보려고 했으나
재능이 없다는 걸 일찍이 알았다고 한다.

"도서관에 가서 토익 공부를 일주일 동안 해보니까
이게 안 되는 건 안 되는 거더라고.
그때 생각을 바꿨어.
쟤가 공부해서, 공부한 걸로 먹고살면
나는 놀았으니까 논 걸로 먹고살아야겠다.
8000원 주고 명함을 팠어. 근데 직함이 없잖아. 취업이 안 되었으니.
그래서 '플레이 매니저 노홍철'이라고 써서 여기저기 뿌렸어.
우리 형이 카이스트 다녔는데 내가 놀아서 공부 못했던 것처럼
공부한 애들은 못 놀 수 있잖아.
'형 주위에 못 노는 친구들 있으면 내가 컨설팅해줄 수 있으니까
연락해줘'라고 말했지."

결국 그는 카이스트 다니는 형의 랩실에서 교수님들과 MT 가는 걸 컨설팅해주고 20만 원을 받았다고 한다. 그때부터 더 놀고, 더 다양한 사람을 만나고, 더 자주 여행을 다니고, 더 잘 노는 쪽으로 나아갔다고 한다.

돈도 벌고 자신이 하고 싶은 일도 찾아가는 '쓸모 있는 딴짓'을 꾸준히 한 결과, 노홍철 씨는 방송인으로서 성공했을 뿐 아니라 다양한 비즈니스에 성공한 인생을 살고 있다.

글・이동희 PD

요즘 '생산적인 딴짓'을 하는 사람들이 늘고 있다.
매너리즘에 빠진 일상에서 벗어나 자기계발을 위해서
혹은 취미로 시작한 '딴짓'에서 성공하는 사람들도 많다.

평범한 직장인이었던 전승환 작가는
유튜브 콘텐츠 제작자이자 독립 서점 운영자로 살고 있다.
30만 부가 넘게 팔린 『나에게 고맙다』를 비롯해 여러 권의 책을
쓴 저자로도 유명하다.
매일 퇴근 후 2시간씩 글을 쓰고, 콘텐츠를 공유하면서
평범한 직장인이 아닌, 비범한 부업을 가진 작가가 되었다.
그는 딴짓에서 제일 중요한 것은 '실행력'과 '지속성'이라고 한다.

회사원 생활을 하면서 딴짓에서 독보적인 평가를 받는 사례는
또 있다.
단정한 올림머리에 길쭉한 팔다리, 계란형의 얼굴에

눈과 코는 없는 여성 캐릭터 '수수걸' 일러스트를
꾸준히 그리다가 구찌, 까르띠에 명품 브랜드의
선택을 받은 김재석 작가다.

그는 2009년 자신이 개발한 가방 브랜드 홍보를 위해
일러스트 캐릭터로 '수수걸'을 개발했다.
인테리어 회사를 다니던 직장인이 시작한 '딴짓'이었다.
그런데 이 개인 작업을 무려 15년 넘게 지속했다.
인스타그램 게시물 수가 5400개가 넘는다.

처음에는 가방을 팔기 위해
'수수걸' 일러스트를 매주 2~3개씩 그려서 올렸다.
가방 사업을 접은 뒤에도 '수수걸'을 계속 그렸다.
그림을 보고 협업해보고 싶다며 메일이 종종 왔고
이것이 자신을 움직이게 하는 에너지가 되었다고 한다.

그의 원동력은 단순했다.
'수수걸'에 대한 애정과, 자신의 그림에 관심을 보이는 사람들이
있다는 것이었다.

미국의 업무 자동화 플랫폼 재피어(Zapier)의 2020년 조사를 보면
딴짓이 본업으로 전환될 가능성도 상당히 높아지고 있다.

밀레니얼 세대의 50%, Z세대의 70%가 부업을 하고 있으며,
그중 27%가 이미 취미를 부업으로 전환했다고 한다.

100세 시대, 평생직장의 개념은 약화되고
다양한 직업적 경험을 추구하는 'N잡러'가 늘어나는 추세다.
이런 환경에서 직장인들의 '딴짓'은 선택이 아닌 필수가 아닐까.
오늘 시작한 '딴짓'이 내일 새로운 가능성이 될 수 있다.

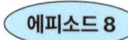 에피소드 8

사과나무가
가르쳐준 것

남의 시선에 흔들리지 않고 사는 법을 생각하다
떠오르는 사람이 있다.
썩지 않는 기적의 사과를 키워온 농부 기무라 아키노리 씨다.
10여 년 전 『사과가 가르쳐준 것』이라는 책에서 기무라 씨의 인생을 만났다.

당시 대중의 시선을 끈 것은 기무라 씨가 농사 지은 사과의 가격이었다. 그의 사과는 '기적의 사과'로 불리며 판매 개시 3분 만에 매진되었고, 고급 레스토랑에서 한 끼 2만 엔(약 20만 원) 코스 요리에 들어갈 정도로 희소가치가 높았다.

책뿐만 아니라 언론 인터뷰, 강연 등의 기사가 잇달아 나오면서

자연농법의 진정성과 농업의 가치를 전하는 그에게 더욱 흥미를
갖게 되었다.

스물아홉 살, 1년 반의 샐러리맨 경력을 접고,
모두가 불가능하다고 말하는 무농약 사과를 만들겠다는
야심으로 농부가 된 기무라 씨.

무농약 사과 재배를 시작한 지 6년째 되던 해에도
사과가 열리지 않자, 좌절한 기무라 씨는
보름달이 둥실 뜬 어느 여름밤,
스스로 목숨을 끊을 생각으로 과수원 뒷산을 올랐다.
목을 맬 작정으로 산속을 헤매던 그는
달빛에 아름답게 빛나는 나무 한 그루를 발견했다.

늠름하고, 잎이 우거진 건강한 나무 한 그루가 기무라 씨에게
말을 걸었다.

"나를 키운 건 비료가 아니라, 흙과 풀과 벌레들이다."

농약만 안 뿌리면 언젠가 무농약 사과가 열릴 것이라고 기대했던
기무라 씨는 자연 생태계에 가까운 환경을 만드는 것이 중요하다
는 깨달음을 얻었다.

과수원 나무 주변의 풀을 베지 않고,
온갖 벌레가 뛰어 놀게 하자,
산에서처럼 기분 좋은 흙 상태가 되면서
마침내 사과나무에 사과가 열리기 시작했다.
이 사과는 오래 둬도 수분만 빠질 뿐 썩지 않아,
'기적의 사과'로 불리게 되었다.
이 사과를 완성하기까지 무려 10년 이상의 시간이 걸렸다.

농약을 치지 않은 이후,
사과가 열리지 않는 사과나무를 오랫동안 지켰다.

실패에 대한 두려움, 사람들의 비웃음, 고립감, 미래에 대한
불안……

온갖 부정적 단어를 다 가져다 붙여도 모자랄 상황에서도
사과나무만 바라봤다.

"바보라서 할 수 있는 일입니다.
사과나무 입장에서 어떻게 하면 좋을까 생각하면,
잎사귀가 답을 가르쳐줍니다."

사람들의 말에 휘둘리고, 타인의 시선에 휘둘리며,

남들이 나보다 나은 삶을 사는 것 같은 질투심에 휘둘리고,
누군가 나를 인정하지 않으면 실패한 것 같은 불안감에 휘둘리며,
우리의 20대와 30대는 이렇게 휘둘리다 지나온 것 같다.

그래서 썩지 않은 사과와 범상치 않은 농부의 얘기에 꽂혔다.
이 책이 2010년에 나왔으니
아오모리현에 있는 이 농장은 지금쯤 어떤 모습일까.
사과나무는 늠름하고 건강하게 아직도 그 자리를 지키고
있을까?

궁금해 확인해보니 그의 사과밭은 여전히 건재하며
그는 자연농법을 알리기 위해 『흙의 학교』라는 또 다른 저서를
출간하고 농사와 강연 활동을 꾸준히 이어가고 있다.

사과나무가 알려준 것은 잠시 흔들리더라도,
잠깐 지치더라도, 멈추지 않고 마음의 소리에 귀기울이는,
시간의 힘이었다.

5부

쉴 곳이
필요한

나의
마음에게

하루 10분, 20분만이라도
잠깐 멈춰서 자신의 내면을
들여다보거나,
좋아하는 일을 하는 것도
직장인이
좌절의 파도에 휩쓸리지 않는
방법이다.

에피소드 1

직장인 페르소나에서 벗어나기

쌍둥이인 우리 자매가 둘 다 지브리 스튜디오를 좋아하게 된 건 신기한 일이다.
미야자키 하야오 감독의 작품을 알게 된 건 대학생 때다.
우리는 공통분모가 여전히 많았지만 자신의 취향과 지향점이 생겨 각자 개성 있는 삶을 살고 있었다.
그럼에도 인생의 마디마디에서 새로운 공통분모가 불쑥불쑥 등장하고 있었고, 그것을 확인할 때마다 깜짝 놀라곤 했다.

2024년 가을 처음으로
우리 둘과 엄마, 이 세 명이 함께하는 해외여행을 떠났다.
여행 스케줄은 우리 자매의 취향을 반영해 정했다.

시작은 지브리였다.

나고야 여행을 떠나면서 〈하울의 움직이는 성〉, 〈이웃집 토토로〉 같은 지브리 스튜디오의 인기 애니메이션 캐릭터를 주제로 만든 지브리 테마파크에 꼭 가보리라 결심했다.

9월 추석이 막 지났지만, 나고야의 낮 기온은 35도까지 치솟았다.

테마파크로 출발하기 전,

관광객들은 한 번씩 다 가본다는 고메다 커피에 들러

쓰면서도 진한 커피와 달달한 빵을 먹었다.

나고야 시내를 빠져나와 차로 한 시간쯤 달렸을까.

지브리 테마파크의 입구를 상징하는 커다란 시계탑이 보였다.

가장 가보고 싶었던 곳은 '지브리 대창고'였다.

이곳에는 〈이웃집 토토로〉의 실물 크기 '고양이 버스'가 있다.

설레는 마음으로 대창고 입구에 들어서는 순간

잊고 지냈던 '덕후 감성'이 되살아났다.

지브리 스튜디오 작품들이 특히 매력적인 것은

캐릭터들이 작품 안에서 건강하게 성장한다는 점이다.

〈센과 치히로의 행방불명〉에서는 자기 정체성이라고 할 게 없는,

얼굴 없는 캐릭터 '가오나시'가 치히로의 도움을 받아

자기를 찾아가는 과정이 따뜻하게 그려진다.

〈하울의 움직이는 성〉에서 애늙은이 같았던 소피는 저주로 노파

가 된 뒤 오히려 그 이후 자신의 진짜 욕망을 인정하며, 삶을 스스로 결정하는 주체적 인물로 성장한다.

거대한 대창고 여기저기를 다니다 드디어 고양이 버스를 발견했다.
원하는 목적지로 순간이동을 할 수 있고, 나타났다 사라졌다
하는 매력적인 캐릭터에 올라타 해맑게 웃으며 사진을 찍으니 심장에 지진이 일어나는 걸 느꼈다.

'가면을 이제 좀 벗어던지고, 본성대로 살아보자.
반듯하고, 규격에 맞춘 직장인 페르소나에서 벗어나
지금보다 좀 유치하지만 재밌게 살아보자.'

10년 전 도쿄 여행을 다니며,
하울의 심장을 보관하던 '캘시퍼' 굿즈,
뒤집개와 프라이팬을 샀던
그때의 마음으로 돌아가보고 싶어진다.

호기심과 열정이 이끄는 대로 따라가고,
미래에 대한 두려움으로 망설이지 않는
그때처럼 살아가고 싶다.
마음에 한 차례 바람이 지나간다.

고양이 버스 안에서 '직장인으로서 진짜 성장은 무엇일까' 생각해본다. 단순히 업무 능력을 키우고 좋은 인간관계를 만드는 것만이 전부일까. 우리 인생의 긴 여정에 직장이 어떤 의미가 있길래, 이토록 애쓰며 살아가는 걸까.

오히려 부담을 덜어내고, 자신이 그어놓은 경계를 넘어
'나의 본모습을 찾아가는 것'이야말로 진짜 성장일지도 모른다.

어쩌면 우리에게 필요한 것은
더 빠르고 더 완벽한 성장이 아니라,
지금의 나를 온전히 받아들이면서도
조금씩 나아가는 용기가 아닐까.
지브리의 캐릭터들처럼 말이다.

에피소드 2

사막을
건너는 법

살다 보면 막다른 길에 선 기분이 들 때가 있다.
직장에서 같은 일을 반복하면서 성취감은 없고,
사람들과 만나도 진정한 소통은 안 되는 것 같다.
앞으로 나아가고 있는 건지, 제자리걸음인지 모를 날들이
지나간다.
게다가 이런 때일수록 더 열심히 하려고 한다.
더 바쁘게 움직이고, 더 많은 사람을 만나고, 더 많은 일을 한다.
하지만 사막에 물을 퍼붓듯 소용없다.

이런 마음의 사막을 어떻게 건널 수 있을까?
나는 '돌아다니기'에서 답을 찾았다.

어떤 날은 산에 가기도 하고, 어떤 날은 동네 골목을 돌아다닌다.
버스로 두세 정류장 거리의 서점을 걸어가기도 하고
또 어느 주말에는 북한산에 있는 숲속 카페를 찾아가기도 한다.

그러다 산에서 만난 한 어른의 말이 깊이 와닿았다.

산을 오르다 우연히
전문 경영인처럼 보이는 어른과 앞서거니 뒤서거니 가게 되었다.
잠시 쉬어가려고 벤치에 앉는데,
표정 좋게 생긴 어른이 땀을 닦으며 말을 건넨다.

"혼자 왔어요?"

"네, 선생님도 혼자 오셨어요?"

"아니, 나는 친구들하고 왔지, 저 밑에서 올라오고 있을 거야."

산에 자주 다니시냐고 물으니

"산에 오면 제일 좋은 게 뭔지 알아요? 산에선 남 얘기 안 해서 좋아."

그분은 친구를 기다리지 않고 걸음을 재촉한다.

처음엔 단순한 등산의 즐거움을 이야기하는 줄 알았다.
하지만 곰곰이 생각해보니 더 깊은 의미가 있었다.

친구들과 같이 산을 올라도, 길이 좁아지면 어느새 혼자 가게 된다.
좁은 산길을 걷다 보면,
직장 얘기, 가족 얘기, 친구 얘기, 친척 얘기 다 잊고,
자기 발밑에만 집중하게 된다.

자신에게 집중하며 걷는 길에서 새삼 깨달았다.
"얼마나 쓸데없이 남의 얘기를 많이 하고 사는지."
걷고 또 걷다 보면 오롯이 '내 생각을 하는 나'를 발견하게 된다.

일상 속에서 정작 내 마음이 무엇을 원하는지,
내게 맞는 방법이 무엇인지는
들여다볼 시간이 없었다.
그 어른은 산길에서 비로소 '자기만의 시간'을 찾았던 것이다.

글・이동애 기자

법정 스님의 『오두막 편지』에 나오는, 강물이 사막을 건너는 우화가 있다.

어떤 강물이 깊은 산속에서 발원하여 바다로 가려고 한다.

"(강물은 어느 날) 모래와 자갈로 된 사막을 만나게 된다.
바다에 합류하려면 기필코 그 사막을 건너야 한다.
강물은 마음을 가다듬고 사막을 향해 힘껏 돌진해간다.
그러나 사막과 마주치는 순간, 강물은 소리 없이 모래에 빨려
들어가고 만다."

"이때 문득 사막 한가운데서 이런 목소리가 들려온다.
네 자신을 증발시켜 바람에 네 몸을 맡겨.
바람은 사막 저편에서 너를 비로 뿌려줄 거야.
그럼 너는 다시 강물이 되어 바다에 들어갈 수 있어."

강물의 첫 번째 시도는 실패했다.
기존 방식대로 힘으로만 돌진했기 때문이다.
하지만 완전히 다른 방법을 택했을 때
비로소 사막을 건널 수 있었다.

우리의 일상에도 이런 막다른 순간이 있다.
기존 방식으로는 더 이상 통하지 않는 순간들.
그럴 때마다 나는 돌아다니기를 한다.
평소와 다른 길을 걸으며 다른 관점을 찾는다.

산에서 만난 그 어른처럼,
남의 이야기가 아닌 내 이야기에 집중한다.
남의 방법이 아닌 내 상황에 맞는 방법을 찾는다.
강물이 자신을 완전히 바꿔 사막을 건넜듯이,
때로는 기존의 접근법을 완전히 바꿔야 할 때가 있다.

바로 다른 길을 걸어보는 것이다.
물리적으로 다른 길을 걸으면 정신적으로도 다른 길이 보인다.
'아, 이런 방법도 있구나' 싶은 순간이 온다.

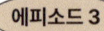 에피소드 3

좌절의 파도에
휩쓸리지 않는 법

회사에서 4.5일 근무제를 시작했다.
매월 둘째, 넷째 주 금요일에 오전 근무만 하고 퇴근하는 제도다.
처음에는 일이 제대로 돌아갈까 싶었는데,
4.5일제 금요일은 틈틈이 커피 한잔하는 시간이 사라지고
오전 안에 업무를 마무리하려고 집중하다 보니 일 처리에 가속도가 붙었다.

한 달쯤 지나자,
2주에 한 번씩 찾아오는 귀한 시간을 그냥 흘려보내기 아까워
무작정 강원도 양양으로 차를 몰았다.
커피 생각이 간절해 양양 어느 해변 카페에 들렀다.
그곳은 바다를 향해 통유리창이 나 있어서 눈이 시원했다.

자리를 잡고 보니,
바다 위에 둥둥 떠 있는 사람들이 눈에 들어왔다.
파도를 타는 서퍼들이었다.
백사장에서 보드에 배를 깔고 일어나는 걸 배우는 초보부터
파도를 가로지르며 거침없이 바다로 나가,
절벽처럼 떨어지는 높은 파도에 몸을 맡기며 미끄러지듯 해변으로 들어오는 서퍼들까지, 수십여 명이 바다를 차지하고 있었다.

2m짜리 파도가 올 때면 작업장 문을 닫고 파도를 타러 갔다던 미국의 아웃도어 기업 '파타고니아'의 조직 문화가 여기까지 온 건가?
거친 파도에 균형을 잡는 모습이 얼마나 절묘한지 '물멍'을 하느라 2시간이 훌쩍 갔다. 파도를 타는 서퍼들은 아마 바다를 붉게 물들이는 노을을 보고서야 해가 저문다는 걸 알았을 것 같다.
어찌나 집중했는지,
그날 오전 회사에 출근했던 기억이 싹 사라지고, 바다, 파도, 서퍼들만 남았다.

언론사에서 일하다 보면 하루에도 수십 건의 뉴스를 접한다.
새로운 사건, 새로운 인물, 새로운 이슈들이 쏟아지지만
대부분 스쳐 지나간다.
늘 새로운 자극에 노출되다 보니 웬만한 일로는 깊이 빠져들지

않는다.

그런데 그날은 달랐다. 순식간에 서핑 관전에 빠져들었다.

행복하게 몰입할 때는 여러 사람과 함께 있어도
완벽하게 혼자 있는 시공간이 펼쳐지는 것 같다.

인생은 타이밍이라더니, 파도를 타는 일이야말로 기가 막힌
타이밍의 스포츠다.
좋은 파도를 기다리다, 딱 좋을 때 벌떡 일어나
파도와 일체감을 느끼며 춤을 추듯 미끄러져 내려온다.
너무 빨리 일어나면 파도에 휩쓸리고, 너무 늦으면 파도가
지나가버린다.
끊임없이 몰아치는 파도 위에서
넘어지지 않고 균형을 잡으려는 노력이
치열한 경쟁 속에 자신을 잃지 않고 살아가려는 우리의 모습과
묘하게 닮아 있었다.

하루 10분, 20분만이라도
잠깐 멈춰서 자신의 내면을 들여다보거나,
좋아하는 일을 하는 것도 직장인이 좌절의 파도에 휩쓸리지 않는
방법이다.

스티브 매그니스는 『강인함의 힘』에서
아주 사소한 행동이라도 자신이 선택권을 가진
일을 꾸준히 하다 보면 내면의 힘을 기를 수 있다고 조언한다.

"인생이 자신의 통제를 벗어난 느낌이 들 때 사람은 절망에 빠지기 쉽다. '해서 뭐 해, 하지 말자'라고 포기하는 것은 자연스러운 반응이다.
우리는 절망하지 않는 법을 새로 배우고 훈련해야 한다.
희망 근육을 쓰는 훈련을 하려면 멈추지 말고 뭔가를 지속해야 한다. 자신이 상황을 통제한다는 느낌, 자신이 결과에 영향을
미칠 수 있는 일이면 충분하다."

에피소드 4

나만의 오두막을
만드는 법

직장인들 사이에 화장실에서 몰래 휴식을 즐기는
'화캉스' 문화가 유행하고 있다는 뉴스를 보고 고개를 끄덕였다.*
너무 피곤하거나 스트레스 받았을 때 편안함을 느낄 수 있는
장소로 화장실을 택한다는 얘기다.

우리 자매도 몇 년 전 이런 장소를 찾아 헤맨 적이 있다.

회사에서 디지털 업무 조직을 확대 개편하면서, 둘 다 디지털
업무를 하게 되었다.
이동희 PD는 디지털 제작, 이동애 기자는 디지털 뉴스 담당 총괄

---

* MBC 뉴스, 2025년 7월 17일, [와글와글 플러스] "쉬러 화장실 가요"…'화캉스' 유행

이었다.
조직을 세팅하고 새로운 프로젝트를 발굴하느라
정신을 차리기 어려울 정도로 일상이 숨 가쁘게 돌아갔다.

개인 사무실 없이 완전히 개방된 환경에서 일하다 보니
조용하게 생각을 정리할 공간을 갖고 싶다는 생각이 들었다.
우리는 고민 끝에 회사 근처에 오피스텔을 단기 임대했다.
임대료가 싸진 않았지만, 절반씩 내니 부담이 줄었다.

각자 점심시간이나 특별한 약속이 없을 때,
그곳에서 책을 읽거나 글을 쓰곤 했다.

그 작은 오피스텔은 회사와 집 사이에 존재하는 제3의 공간이었다.
누구의 시선도, 기대도 의식할 필요 없는 온전한 우리만의 영역.
이곳에서 우리는 팀장으로서의 페르소나도,
팀원들의 기대도 잠시 내려놓을 수 있었다.

일주일에 두세 번, 한두 시간의 그 짧은 순간이
하루를 버티게 하는 힘을 주었다.

어른에게도 비밀 장소가 필요하다.
니체는 사회적 잡음에서 벗어나 주체적인 삶을 추구하려면 자신만의 시간을 가져야 한다고 말했다.
아무도 모르는 자신만의 공간,
자신을 마음껏 드러낼 수 있는 공간,
남에게 보이기 싫은 표정이나 울음을 숨기지 않고
드러낼 수 있는 공간,
우리를 둘러싸고 있는 외부적 요구, 기대, 지나치게 많은 정보와 자극들로부터 벗어나 편안하게 호흡할 수 있는 공간이 필요하다.

그게 화장실이든, 목욕탕이든, 영화관이든, 노래방이든 상관없다.
잠깐이라도 외부와 단절하고 자신을 회복할 수 있는 공간이면 충분하다.

하버드대학을 졸업한 뒤 부를 좇지 않고 뉴잉글랜드 월든 호숫가에서 소박한 생활을 했던 헨리 데이비드 소로의 오두막을 상상해 본다.

그가 지은 오두막.
가로 4.57m, 세로 3m, 높이 2.43m였다.
작지도 크지도 않은 적당한 집이다.
여기서 먹고, 자고, 쉬고, 일하고, 읽고, 썼다.
침실이자, 부엌이자, 거실이기도 한
모든 것이 한데 모인 한 칸의 공간.

효율적이고, 축약적이고, 집약적이어서 낭비가 전혀 없는 공간이었다. 이곳에서 소로는 2년 2개월 동안 홀로 살았다.

소로의 오두막 생활을 다룬 『월든』에는 그의 하루가 이렇듯 평화롭게 묘사되어 있다.

"오전에는 밭일을 하거나 책을 읽고, 한여름 오후에는 호수에 뛰어들어 몸을 식힌다.
호수 주변 나무와, 풀과 새와 저 멀리 오가는 철길의 소음까지 놓치지 않는 세밀한 관찰의 시간이 생활을 풍요롭게 한다.
……
집 안에는 의자가 세 개 있다.
하나는 고독을 위한 것이고,
또 하나는 우정을 위한 것이며,
나머지 하나는 사교를 위한 것이다."

지금까지 누려온 삶을 송두리째 버리고 산골 오두막으로 들어갈 순 없겠지만, 일주일에 하루, 하루에 한 시간쯤은
밖으로 향하는 시선을 거두고,
마음속을 들여다보며, 나를 살펴보는 그런 오두막이 필요하다.

독일의 심리학자 호르스트 코넨은
매일 자신만의 시간을 가질 수 있는 공간에서
자신만의 의식을 가지라고 조언한다.
예를 들면 매일 아침 15분 정도 욕조에서
흐트러진 정신을 모은다든가, 명상을 하거나,
아침마다 빵집에 들러 따뜻한 빵을 한 입 베어 물고 잠깐 걷기와
같은 것. 어떤 시도든 좋은 의식이다.
무엇을 하든 하루 중 잠깐이라도 현실의 시공간을 뛰어넘는다면,
나머지 시간은 훨씬 활력이 넘칠 것이다.

딸아이는 초등학교 시절, 벽장문을 반쯤 열어놓고
벽장 안에 누워 책 읽는 것을 좋아했다.

40년 된 아파트여서 벽 안쪽으로 공간을 만들고
이불이나 옷을 보관할 수 있는 그런 벽장들이 방마다 있었다.
내가 방문을 열 때마다 딸은 그 좁은 공간에 들어가 이불을 뒤집어쓰고
뒹굴뒹굴하거나 책을 읽고 있었다.
딸아이가 특히 좋아하는 이불이 있었는데,
푹신하고 가벼운 이불이 아니라
70~80년대 시대극에 나올 만한,
어른들이 좋아하는 전통적인 솜이불이었다.
이불이 하도 크고 두꺼워 이불을 덮고 있다기보다는

포근한 무게감 아래 몸을 숨기고 있는 것처럼 보이기도 했다.

그 이불을 얼마나 좋아했던지, 한번은
"엄마, 나 이불이랑 결혼할래. 절대로 버리지 마"라고 말해서
어이없이 웃었던 기억이 난다.

딸아이는 왜 그렇게 벽장에 들어가 있는 것을 좋아했을까.
작고 옹색한 공간이지만 뭔가 안정감을 느끼는 것이 있으니 그랬을 것이다.

안전하고 보호받는 느낌,
자신만의 요새가 있어서 심리적 안정감을 느끼고 싶은 건
아이들만이 아니다.

언제부터인가 나는 목욕탕에서 그런 시간을 갖게 됐다.
나만의 의식이다.
욕조에 물을 받는다. 욕조로 떨어지는 물소리를 들으면
회사에서 퇴근하고 집에 왔다는
물리적, 심리적 경계가 만들어진다.
오늘은 어떤 음악을 들으며 욕조 안에서 시간을 보낼까.
물의 따뜻함에 마음이 녹진해진다.
사회적 페르소나를 벗고 본격적인 나만의 시간이 시작된다.

오두막은 나만의 베이스캠프이자 나를 회복시키는 공간이다.
오늘 당신의 오두막은 어디인가?

글·이동희 PD

집에가고싶다

1판 1쇄 발행 | 2025년 11월 17일
1판 2쇄 발행 | 2025년 12월 5일

지은이 | 이동애, 이동희

발행인 | 용호숙
펴낸곳 | 말하는나무
주소 | 경기도 양평군 양서면 왯재길 89
전화 | 031-774-5807
팩스 | 0504-394-6920
이메일 | doppelg@naver.com

출판 등록 | 2006년 3월 31일 제2024-00023호

ISBN 979-11-989664-3-8 03190

* 잘못된 책은 구입하신 서점에서 바꾸어 드립니다.
* 이 책 내용을 재사용하려면 반드시 저작권자와 출판사의 동의를 받아야 합니다.
* 책값은 뒤표지에 있습니다.